Sandrine Coucke-Haddad

MAIGRIR VITE !

EDITIONS ESI

Sommaire

Régime hyperprotéiné

Pour perdre du poids rapidement, tout en préservant la masse musculaire, le régime hyperprotéiné est idéal. Malheureusement, il se résume bien souvent à manger du poulet grillé ou des œufs durs. Pour vous, voici des recettes aussi originales que savoureuses, afin de mettre de la couleur dans votre assiette et oublier que vous êtes au régime.

Entrées

Plats

Desserts

Les incontournables

Sommaire

Régime hypocalorique

Pour mincir rapidement et durablement, il suffit de limiter ses apports en calories. Mais pas toujours facile si l'on n'a pas les tables des calories en tête. Pour vous simplifier la vie et vous éviter tout calcul savant, nous vous proposons des recettes variées et bien pensées, qui composeront de vrais repas, sains et équilibrés. Des recettes toutes simples, pour tous les jours, ou plus élaborées, pour les jours de fête. À vous de choisir, selon vos besoins et vos envies.

Diète méditerranéenne

La diète méditerranéenne est reconnue pour avoir des vertus sur la santé et sur la ligne. Un régime où la cuisine a son importance, puisque les produits frais y sont légion. Que vous soyez peu à l'aise devant les fourneaux ou cuisinière aguerrie, vous trouverez dans nos recettes suffisamment d'idées et de compositions pour suivre votre régime le plus facilement possible… Et avec beaucoup de plaisir lorsque vous passerez à table !

Entrées

Plats

Desserts

Les incontournables

Maigrir rapidement

3 régimes efficaces

Le régime hyperprotéiné

Avec un maximum de protéines pour perdre vite, sans sensation de faim ni fatigue, le régime hyperprotéiné fait partie des programmes qui ont le plus le vent en poupe.

Le principe

Largement suivi depuis les années 1980, notamment sous la forme de sachets hyperprotéinés, le régime hyperprotéiné est aujourd'hui un régime bien établi, qui a largement fait ses preuves et justifié son succès. La perte de poids est souvent importante en début de régime, ce qui est une formidable source de motivation pour continuer. Le principe est simple : il s'agit d'augmenter très sensiblement les apports en protéines, au détriment des sucres et des graisses. Cette action présente un double bénéfice sur la perte de poids : les protéines régulent la sensation de satiété, ce sont des nutriments qui « remplissent » l'estomac, tout en préservant la masse musculaire. Ainsi, le régime protéiné permet de maigrir sans perdre de muscle, ce qui, malgré tout, offre un sacré avantage. Qui dit moins de perte musculaire, dit davantage de perte de graisses et, en conservant une bonne masse musculaire, on conserve son dynamisme. On se sent donc moins fatigué, notamment en début de régime, et on peut continuer à bouger ou à faire du sport. De quoi perdre encore quelques grammes supplémentaires…

Le grand élan pour les régimes hyperprotéinés sous la forme de sachets semble aujourd'hui s'estomper. De fait, ces préparations ont un énorme inconvénient : elles ne sont pas très goûteuses. Les intitulés des plats ont beau essayer d'être alléchants, le résultat est rarement à la hauteur des espérances. Et, après trois jours d'une brouillade indéterminée dans l'assiette, la motivation est moins présente même si l'on perd du poids. Alors, un régime hyperprotéiné sans sachet, c'est possible ? Oh que oui ! C'est d'ailleurs le principe de fonctionnement de beaucoup de régimes, notamment Dukan ou Atkins, des programmes qui font des millions d'adeptes à travers le monde.

Pour faire simple, il s'agit de puiser dans les aliments les mieux pourvus en protéines animales et végétales, afin de consommer 1 g de protéines par kilo de poids de corps par jour. Consommez donc en quantité suffisante viandes et poissons maigres, œufs et fruits de mer, céréales complètes et légumineuses, produits laitiers maigres… les catégories d'aliments les mieux représentés en protéines. Dans le même temps, il convient de limiter les apports en lipides (graisses) et en glucides rapides (sucres), en faisant attention notamment aux graisses de cuisson : on préférera donc les grillades, les cuissons à la vapeur et les courts-bouillons.

Pour qui ?

Pour celles et ceux qui ont besoin d'un « boosteur » en début de régime. Car le régime hyperprotéiné est l'un des régimes qui permet de perdre le plus de poids en tout début de programme. Tous ceux qui ont besoin de voir rapidement les résultats de leurs efforts seront motivés par ce régime.

Qui plus est, contrairement à d'autres programmes d'amincissement, le régime hyperprotéiné permet de ne pas perdre de muscle. Il est donc tout indiqué pour celles et ceux qui pratiquent une activité sportive et qui ne veulent pas ainsi nuire à leurs performances ou à leurs entraînements. Les adeptes du grignotage trouveront aussi leur compte dans le principe de la diète protéinée, puisqu'il ne s'agit pas ici de s'occuper des quantités... Vous pouvez facilement caler une petite faim avec un œuf dur par exemple, ou quelques bâtons de surimi. Le tout étant de se restreindre aux aliments autorisés, qui peuvent, *a contrario,* être consommés à volonté.

En revanche, cette diète est plus difficile à suivre pour celles et ceux qui n'aiment pas la viande en général, et pour les végétariens en particulier. D'abord, parce que les protéines végétales n'ont pas tout à fait la même assimilation que les protéines animales et, ensuite, parce que cela réduit d'autant le domaine des aliments autorisés. Or, sans un minimum de diversité, n'importe quel régime finit rapidement par ressembler à une punition. Ce régime conviendra donc mieux aux personnes qui apprécient la viande ainsi qu'aux gros mangeurs.

Menus types sur trois jours

Jour 1

Petit déjeuner	Déjeuner	Dîner
⊙ Café ou thé sans sucre	⊙ Brochettes de poulet à la sauce épicée*	⊙ 1 tranche de jambon maigre
⊙ 1 bol de fromage blanc à 20 % de MG	⊙ 1 bol de riz complet	⊙ Quinoa aux brocolis*
⊙ 1 œuf dur	⊙ 1 fruit	⊙ 1 yaourt à 0 % de MG

Jour 2

Petit déjeuner	Déjeuner	Dîner
⊙ Café ou thé sans sucre ⊙ 1 bol de fromage blanc à 20 % de MG ⊙ 1 œuf dur	⊙ Salade de poulet à l'orange* ⊙ 1 assiette de courgettes vapeur ⊙ Faisselle aux herbes fraîches*	⊙ 1 bol de soupe ⊙ Légumes revenus au tofu* ⊙ 1 yaourt à 0 % de MG

Jour 3

Petit déjeuner	Déjeuner	Dîner
⊙ Café ou thé sans sucre ⊙ 1 bol de fromage blanc à 20 % de MG ⊙ 1 œuf dur	⊙ 1 salade verte au jus de citron ⊙ Omelette aux champignons* ⊙ 1 bol de blé ⊙ 1 fruit	⊙ 1 bouillon de légumes ⊙ Lentilles froides au jambon blanc* ⊙ 1 bol de fromage blanc à 20 % de MG

Le régime hypocalorique

Voilà un programme qui reprend les grands principes de la diététique et qui permet d'éliminer durablement les kilos en trop.

Le principe

Le régime hypocalorique se base sur un calcul tout simple : pour perdre du poids, il faut diminuer les apports énergétiques et augmenter les dépenses. De cette façon, le corps puise dans ses réserves pour fonctionner au lieu d'accumuler des apports caloriques supérieurs à ses besoins. Pour pouvoir diminuer les apports énergétiques, le régime hypocalorique se base sur des principes établis de la nutrition, à savoir la répartition des protéines, lipides et glucides de notre alimentation. L'idée étant ici de diminuer la totalité de ces apports, mais en conservant au maximum une quantité suffisante de nourriture, et donc d'augmenter les proportions de protéines et de glucides lents, au détriment des lipides et des sucres rapides. En d'autres termes, rééquilibrer son alimentation en réduisant au maximum les graisses et les sucres. Car, à poids égal, les graisses et les sucres apportent 2 à 3 fois plus de calories que les protéines et les glucides lents. Vous en doutez ? Les rillettes représentent 600 calories aux 100 g et les frites, près de 500 pour la même quantité. Ainsi, pour éliminer des calories sans rogner sur les quantités (et donc ne pas avoir faim), le régime hypocalorique préconise de limiter au maximum tous les aliments gras et sucrés et de faire la part belle aux aliments riches en fibres et en bons nutriments. Au final, vous mangerez plus et de meilleure qualité nutritionnelle.

Le régime hypocalorique est, dans une certaine mesure, un régime personnalisé. En effet, les besoins caloriques d'une personne varient en fonction de plusieurs facteurs : l'âge, la taille, l'activité physique, l'IMC, le mode de vie, etc. Chacun devra donc adapter, chaque jour, le nombre de calories de son programme alimentaire. Pour vous aider à connaître vos besoins, sachez que les besoins caloriques des femmes peuvent aller de 1 800 calories par jour, chez une personne sédentaire, à 2 800 calories par jour, pour une femme qui pratique 1 heure de sport soutenue au quotidien. Chez les hommes, ces besoins varient de 2 500 calories, pour une personne sédentaire, à 3 500 pour un homme ayant une activité physique soutenue.

En réduisant la prise alimentaire de 500 calories par jour, vous perdrez facilement 2,5 kg sur quatre semaines. Si vous augmentez dans le même temps vos dépenses énergétiques en pratiquant une activité sportive, vous perdrez encore plus.

Pour qui ?

Le régime hypocalorique s'adresse en priorité à celles et ceux qui veulent inscrire leur perte de poids dans la durée. Car, plus qu'aucun autre régime, le régime hypocalorique permet un rééquilibrage alimentaire en profondeur. Une fois le programme suivi et les kilos envolés, il sera aisé de poursuivre de bonnes habitudes alimentaires, puisque l'alimentation proposée est finalement proche d'une l'alimentation saine traditionnelle.

Au démarrage, il est quand même préférable d'avoir quelques bases en diététique, car il faut connaître au minimum les teneurs approximatives des aliments en calories, lipides et glucides pour composer facilement ses repas. En revanche, une fois que l'on connaît les aliments ainsi que les modes de cuisson à privilégier et ceux qu'il faut éviter, il est assez facile de se concocter un programme à la carte : il suffit de miser sur les viandes et les poissons maigres, les céréales et les produits laitiers maigres. On peut donc très facilement se faire des repas diversifiés et adaptés à son goût.

Menus types sur trois jours

Jour 1

Petit déjeuner

- Thé ou café sans sucre
- 1 bol de céréales + lait demi-écrémé
- 1 pomme

Déjeuner

- 1 bol de laitue assaisonnée
- Filet de limande sur lit de chou*
- 1 bol de riz brun
- 1 yaourt à 0 % de MG

Dîner

- Velouté de chou-fleur à la muscade*
- 1 bol de céréales (blé, épeautre, quinoa…)
- 1 compote

Jour 2

Petit déjeuner

- Thé ou café sans sucre
- 2 tranches de pain complet
- 10 g de beurre
- 1 orange

Déjeuner

- Escalope de poulet grillée aux épices douces*
- Épinards et pommes de terre vapeur
- 1 bol de fromage blanc à 20 % de MG

Dîner

- 1 salade de tomates
- Gratin de blé aux légumes
- 1 pomme

Jour 3

Petit déjeuner

- Thé ou café sans sucre
- 1 bol de céréales + lait demi-écrémé
- 1 orange

Déjeuner

- 1 tranche de jambon dégraissé
- 1 bol de pâtes complètes
- 1 portion de courgettes vapeur
- Smoothie de melon à l'anis*

Dîner

- Bouillon de légumes
- Purée de haricots verts et céleri*
- 1 œuf dur
- 1 yaourt à 0 % de MG

La diète méditerranéenne

De nombreuses études ont prouvé les atouts santé de la diète méditerranéenne ainsi que ses effets bénéfiques sur la ligne.

Le principe

De nombreux pays du pourtour méditerranéen, notamment la Crête, ont intéressé les scientifiques dans les années 1950. Leur particularité ? Les habitants de ces petits paradis vivaient plus longtemps, restaient en meilleure santé et gardaient la ligne. Après avoir passé au crible les modes de vie de ces privilégiés, les scientifiques en ont conclu que tous ces bénéfices étaient liés en priorité à leur alimentation. Principalement constituée de fruits et de légumes, la diète méditerranéenne est l'alimentation santé par excellence. Elle privilégie en effet les produits frais et sains, et ne cède pas aux sirènes de l'industrie agroalimentaire, pourvoyeuse de calories vides, de mauvaises graisses et de sel en excès.

Pourtant la diète méditerranéenne est loin d'être une alimentation triste et sans saveur. Bien au contraire ! C'est une alimentation qui laisse une large place aux plats cuisinés, mitonnés et mijotés. Les graisses ne sont pas totalement supprimées, mais elles sont choisies parmi les « bonnes » graisses, les graisses mono-insaturées, celles qui préservent le système cardio-vasculaire. La cuisine est surtout conçue et accompagnée d'huile d'olive par exemple.

Très riche en vitamines, fibres et minéraux, l'alimentation méditerranéenne est en revanche pauvre en graisses animales. Pour résumer, cette alimentation saine et équilibrée se compose en priorité de fruits et de légumes frais (au moins 250 g par jour) et de céréales complètes. Elle compte peu de viande (et pas de viandes grasses), mais beaucoup de poissons et de fruits de mer, ainsi qu'une part non négligeable de produits laitiers (yaourts et fromage). Les herbes fraîches, les condiments, l'ail notamment, et les aromates sont aussi très présents dans cette cuisine. Ce point est important, car, en plus d'apporter beaucoup de goût pour peu de calories, ces ingrédients ont aussi de nombreuses vertus sur le plan de la santé. Enfin, les sucres raffinés sont quasiment inexistants dans ce programme, les saveurs sucrées étant essentiellement apportées par le miel et les fruits.

Concrètement, pour perdre du poids avec la diète méditerranéenne, il faut donc adopter ce style d'alimentation, sain et équilibré, en limitant les quantités et les graisses les premiers jours du programme pour perdre vite, mais il faut également bouger davantage. Les études ont en effet mis en avant la corrélation qui existait entre les bénéfices santé de l'alimentation crétoise et l'activité physique plus soutenue des Crétois. Un peu de sport au quotidien, ou tout simplement davantage de marche, suffit à augmenter les chances de réussite du régime méditerranéen. Oubliez donc pour un temps la voiture ou les transports en commun et chaussez vos baskets ! Si vous avez moins de 500 mètres à parcourir, vous pouvez bien le faire à pied ! Et, pour les trajets un peu plus longs, pensez au vélo. Rien de tel que de s'oxygéner au maximum pendant un régime, car l'enfermement est souvent source de grignotage.

Pour qui ?

Pour les gastronomes, celles et ceux qui veulent maigrir sans se priver des plaisirs de la table. La diète méditerranéenne est représentée par une cuisine conviviale et chaleureuse... Donc, pas question de faire grise mine devant des bâtonnets de carotte ! Or, le plaisir est aussi très important dans la perte de poids. Avec le régime méditerranéen, c'est un changement en profondeur des habitudes alimentaires qui est proposé. Il ne s'agit pas de se contraindre dans une cuisine qui ne plaît pas... Au contraire, il s'agit surtout d'adopter définitivement une nouvelle façon de manger et de s'y tenir, *ad vitam aeternam.* Pas de repas pris en solo ou de privations en société, toute la famille peut se mettre à cette « diète ». La notion de plaisir est très importante dans ce régime et fait aussi partie de sa réussite. Car, en ayant du plaisir à table, en prenant ses repas assis et tous ensemble, on redonne à la nourriture sa fonction première : celle de nous rassasier, de nous apporter des nutriments essentiels, mais aussi nous rapprocher. Une attitude saine, qui rompt avec les comportements alimentaires déviants, comme le grignotage ou, pire, la boulimie, souvent induite par de longues périodes de frustration. Pour pouvoir suivre le programme au quotidien et en famille, il suffira juste d'adapter les quantités aux besoins de chacun et garder en tête que les deux tiers du bol alimentaire doivent être représentés par des fruits, des légumes frais et des céréales (de préférence complètes) et le tiers restant par des poissons, des viandes maigres et des laitages.

Ce régime sera aussi plus facilement suivi par les végétariens, mais aussi par celles et ceux qui n'apprécient pas particulièrement la viande. La présence importante de poisson le rend en revanche plus difficile pour les végétaliens. Ce régime sera aussi moins facile à suivre en hiver, lorsque les fruits et les légumes présents sur les étals sont différents et moins variés que ceux que l'on retrouve dans le régime. Le mieux est alors d'adapter son programme un minimum, en misant davantage, pendant les frimas, sur les soupes plutôt que sur les salades et en consommant un maximum d'agrumes pour faire le plein d'énergie et de vitamines.

Menus types sur trois jours

Jour 1

Petit déjeuner	Déjeuner	Dîner
⊙ Thé ou café sans sucre ⊙ 1 bol de céréales + lait demi-écrémé ⊙ 1 orange pressée	⊙ Carpaccio de concombre au citron vert* ⊙ 1 poêlée de légumes ⊙ 1 grand bol de blé ⊙ 1 yaourt	⊙ 1 soupe de vermicelles ⊙ Légumes grillés à l'origan* ⊙ 1 salade de fruits

Jour 2

Petit déjeuner	Déjeuner	Dîner
⊙ Thé ou café sans sucre ⊙ 1 bol de céréales + lait demi-écrémé ⊙ 1 orange pressée	⊙ Escargots en salade* ⊙ 1 poêlée de poivrons et de tomates ⊙ 1 bol de riz complet ⊙ 1 fruit	⊙ Tartine à l'ail et aux olives* ⊙ 1 grande salade verte ⊙ 1 yaourt à 0 % de MG

Jour 3

Petit déjeuner	Déjeuner	Dîner
⊙ Thé ou café sans sucre ⊙ 2 tranches de pain complet + miel ⊙ 1 orange pressée	⊙ Pizza aux légumes* ⊙ Courgettes à la vapeur ⊙ 1 salade de fruits	⊙ 1 soupe de légumes ⊙ 1 filet de poisson au court-bouillon ⊙ Yaourt grec sur lit de miel*

* Vous trouverez ces recettes dans les pages qui suivent.

Bouillon de poule aux poireaux

Préparation : 10 minutes - Cuisson : 25 minutes - Difficulté : ★ Budget : ★

Pour 4 personnes

- 1 cube de bouillon de poule (ou de volaille)
- 2 blancs de poireaux
- 2 oignons
- 1 escalope de poulet
- Persil plat
- Sel et poivre du moulin

Faites fondre le cube de bouillon de poule dans 1 l d'eau sur feu moyen.

Mélangez, puis portez à ébullition.

Émincez finement les blancs de poireaux et les oignons.

Détaillez le poulet en petits cubes.

Plongez les poireaux, les oignons et le poulet dans le bouillon et laissez cuire à petits bouillons pendant 20 minutes.

Poivrez et décorez avec des pluches de persil au moment de servir.

Remarque

Servez ce bouillon accompagné d'un bol de céréales (blé ou quinoa par exemple) et de légumes, puis terminez par un laitage, pour un repas léger et bien pourvu en protéines.

Bouillon de poule aux champignons noirs

Préparation : 40 minutes - Cuisson : 25 minutes - Difficulté : ★ Budget : ★

Pour 4 personnes

- 1 cube de bouillon de poule (ou de volaille)
- 200 g de champignons noirs déshydratés
- 1 petite boîte de soja
- 1 petite boîte de pousses de bambou
- 1 cuil. à café de gingembre moulu
- Sel et poivre

Faites gonfler les champignons noirs dans un grand volume d'eau pendant 30 minutes.

Faites fondre le cube de bouillon de poule dans 1 l d'eau sur feu moyen, puis portez à ébullition.

Ôtez les pieds des champignons noirs et émincez-les finement.

Égouttez le soja et les pousses de bambou.

Salez et poivrez le bouillon.

Ajoutez le gingembre, le soja et les pousses de bambou et laissez cuire à frémissement pendant 20 minutes.

Remarque

Ayez la main légère sur le sel, car le bouillon de poule est déjà salé. Mieux vaut saler à nouveau, au besoin, avant de déguster.

Concombre et radis à la croque

Préparation : 10 minutes - Difficulté : ★ Budget : ★

Pour 4 personnes

- 1 concombre
- 1 botte de radis
- Le jus de 1 citron vert
- 300 g de fromage blanc à 20 % de MG
- 1 cuil. à soupe de raifort
- 1 cuil. à soupe d'aneth haché
- Sel et poivre

Pelez et détaillez le concombre en petits bâtonnets.

Parez les radis.

Pressez le citron.

Dans un bol, mélangez intimement le fromage blanc et le raifort.

Ajoutez l'aneth haché et le jus de citron.

Salez et poivrez.

Disposez les bâtonnets de concombre et les radis sur la sauce au fromage blanc.

Croque tout léger

Préparation : 10 minutes - Cuisson : 15 minutes
Difficulté : ★ Budget : ★

Pour 4 personnes

- 2 tranches de jambon dégraissé
- 4 tranches de pain de campagne aux céréales
- 2 cuil. à café de Maïzena
- 10 cl de lait écrémé
- Noix de muscade
- 40 g de gruyère râpé allégé
- Sel et poivre

Préchauffez le four à 180 °C (th. 6).

Délayez la Maïzena dans un peu de lait froid.

Versez dans le reste du lait et faites chauffer doucement jusqu'à épaississement.

Salez et poivrez généreusement, puis ajoutez la muscade.

Coupez les tranches de jambon en deux.

Étalez une couche fine de sauce sur les tranches de pain.

Couvrez avec une demi-tranche de jambon et étalez une deuxième couche fine de sauce.

Parsemez de gruyère râpé.

Enfournez pour 10 minutes.

Remarque

Choisissez un pain bien garni en céréales et coupez des tranches assez épaisses afin que le croque, juste servi avec une salade, compose un plat principal.

Croque en chapeau

Préparation : 10 minutes - Cuisson : 5 minutes - Difficulté : ★ Budget : ★

Pour 4 personnes

- 8 tranches de pain de mie complet
- 2 cuil. à soupe de moutarde forte
- 1 tomate
- 4 tranches de filets de poulet cuit
- 4 œufs
- 1 cuil. à soupe d'huile d'olive
- Sel et poivre

Tartinez un seul côté des 8 tranches de pain avec un peu de moutarde.

Coupez la tomate en fines rondelles.

Disposez les rondelles de tomates sur 4 tranches de pain moutardées et ajoutez les tranches de filet de poulet cuit.

Refermez avec les 4 tranches de pain restantes et réservez.

Faites chauffer l'huile d'olive dans une poêle et cassez-y les œufs séparément.

Quand le blanc est cuit, retirez du feu et disposez sur les croques.

Remarque

Un sandwich tout simple, mais rassasiant et bien pourvu en protéines. Vous pouvez l'accompagner d'une portion de légumes pour faire le plein de vitamines.

Méli-mélo de légumes et tofu aux graines de sésame

Préparation : 15 minutes - Cuisson : 25 minutes - Difficulté : ★ Budget : ★

Pour 4 personnes

- 1 bouquet de brocoli
- ¼ de chou-fleur
- 4 endives
- 200 g de tofu
- 2 cuil. à soupe de graines de sésame
- 1 cuil. à soupe d'huile de tournesol
- Sel et poivre

Détaillez le brocoli et le chou-fleur en petits bouquets.

Émincez finement les endives.

Faites cuire les bouquets de chou-fleur et de brocoli à la vapeur pendant 10 minutes (ils doivent rester fermes).

Débitez le tofu en gros cubes.

Faites chauffer l'huile dans une grande poêle.

Ajoutez les endives et faites-les revenir en remuant pour qu'elles n'accrochent pas.

Couvrez et laissez braiser 5 minutes, en ajoutant au besoin un peu d'eau.

Ajoutez les bouquets de brocoli et de chou-fleur ainsi que le tofu.

Mélangez. Salez et poivrez.

Poursuivez la cuisson 10 minutes en remuant régulièrement

Faites griller les graines de sésame dans une petite poêle à sec.

Décorez avec le sésame au moment de servir.

Méli-mélo terre et mer

Préparation : 15 minutes - Cuisson : 25 minutes - Difficulté : ★ Budget : ★★

Pour 4 personnes

- ½ chou blanc
- 1 botte de carottes nouvelles
- 250 g d'encornets en rondelles
- 100 g de cèpes
- 2 cuil. à soupe de persil haché
- 1 cuil. à soupe de pignons de pin
- 1 cuil. à soupe d'huile de tournesol
- Sel et poivre

Détaillez le chou en lanières et les carottes en rondelles fines.

Lavez et essuyez les encornets.

Coupez les cèpes en morceaux.

Faites revenir les encornets dans l'huile chaude pendant 5 minutes.

Quand ils commencent à colorer, ajoutez le chou et les carottes nouvelles.

Salez et poivrez.

Poursuivez la cuisson pendant 5 minutes en remuant, puis ajoutez les cèpes.

Couvrez et laissez cuire à feu moyen 15 minutes.

Parsemez de persil et de pignons au moment de servir.

Remarque

À défaut de cèpes frais (évitez les cèpes séchés, peu goûteux), vous pouvez utiliser d'autres champignons des bois (girolles, trompettes…) ou des champignons de Paris.

Méli-mélo à l'orientale

Préparation : 15 minutes - Cuisson : 25 minutes - Difficulté : ★ Budget : ★

Pour 4 personnes

- 2 tomates
- 1 poivron vert
- 1 poivron rouge
- 1 oignon
- 1 grosse boîte de pois chiches
- Piment de Cayenne
- 1 cuil. à café de cumin
- 4 œufs
- 1 cuil. à soupe d'huile d'olive
- Sel et poivre

Plongez les tomates incisées dans l'eau bouillante pendant 2 minutes, puis passez-les aussitôt sous l'eau froide pour les refroidir.

Pelez-les, épépinez-les puis détaillez-les en dés

Coupez les poivrons en dés.

Émincez finement l'oignon.

Dans une sauteuse, faites revenir l'oignon et les poivrons 5 minutes dans l'huile chaude.

Ajoutez les tomates et mélangez.

Ajoutez les pois chiches avec la moitié de leur jus.

Saupoudrez avec le cumin et le piment.

Salez et poivrez et laissez cuire à découvert le temps que le jus de cuisson s'évapore (comptez 10 à 15 minutes environ).

Cassez les œufs dans les légumes.

Mélangez à la cuillère en bois et laissez cuire encore 2 minutes.

Remarque

L'association des œufs et des pois chiches permet d'augmenter très sensiblement les apports de ce plat en protéines, car ce sont deux aliments qui en sont bien pourvus.

Œufs brouillés à la crème légère

Préparation : 5 minutes - Cuisson : 10 minutes - Difficulté : ★ Budget : ★

Pour 4 personnes

- 8 œufs
- 20 cl de crème liquide à 20 % de MG
- 800 g de tomates concassées
- 1 cuil. à soupe de ciboulette hachée
- Sel et poivre

Cassez les œufs dans une casserole à fond épais.

Placez-la sur feux doux et fouettez doucement jusqu'à ce qu'ils épaississent un peu, pendant 5 minutes environ.

Salez et poivrez.

Versez la crème liquide dans les œufs et continuez la cuisson 5 minutes, tout en fouettant.

Égouttez les tomates concassées et ajoutez-les à la préparation.

Mélangez.

Parsemez de ciboulette avant de servir.

Remarque

Vous pouvez intégrer toutes sortes de légumes à cette recette, des poivrons ou des bouquets de brocoli par exemple, mais faites-les cuire « *al dente* » avant de démarrer les œufs et ajoutez-les au dernier moment.

Œufs brouillés aux pointes d'asperges

Préparation : 10 minutes - Cuisson : 15 minutes - Difficulté : ★ Budget : ★

Pour 4 personnes

- 8 œufs
- 1 botte d'asperges vertes
- 20 cl de crème liquide à 20 % de MG
- 1 cuil. à café de paprika doux
- Sel et poivre

Coupez les asperges pour ne conserver que les têtes avec 1 cm de queue environ.

Plongez-les dans l'eau bouillante salée pendant 5 minutes.

Égouttez-les et refroidissez-les. Réservez.

Cassez les œufs dans une casserole à fond épais et faites-les cuire tout doucement pendant 5 minutes, en remuant sans cesse au fouet.

Salez et poivrez.

Ajoutez la crème liquide et le paprika et terminez la cuisson pendant 5 minutes tout en remuant.

Enfin, incorporez délicatement les pointes d'asperges cuites et servez aussitôt.

Remarque

À défaut d'asperges fraîches, vous pouvez utiliser des pointes d'asperges en bocal, que vous trouverez au rayon des conserves. Mais elles sont plus salées et n'ont pas le croquant des fraîches.

Œufs à la coque et mouillettes légères

Préparation : 5 minutes - Cuisson : 10 minutes - Difficulté : ★ Budget : ★

Pour 4 personnes

- 8 œufs
- 2 tranches de pain de mie complet
- 1 tranche de jambon blanc
- 20 g de fromage frais (type St Môret)
- Sel et poivre

Placez les tranches de pain 5 minutes sous le gril, afin qu'elles soient juste dorées.

Découpez les tranches de pain en mouillettes.

Découpez le jambon en lanières de même taille.

Tartinez les mouillettes de St Môret et placez une lanière de jambon sur chaque mouillette.

Portez à ébullition un grand volume d'eau salée.

Plongez délicatement les œufs dans l'eau bouillante et laissez-les cuire 3 minutes. Passez-les immédiatement sous l'eau froide pour stopper la cuisson.

Présentez les œufs accompagnés des mouillettes.

Remarque

Choisissez des œufs extrafrais, bio si possible, car la cuisson à la coque ne supporte absolument pas une fraîcheur dépassée (la différence de goût est notable). Préférez aussi les œufs de gros calibre, qui auront davantage de jaune.

Salade d'Asie

Préparation : 15 minutes - Cuisson : 10 minutes - Difficulté : ★ Budget : ★★

Pour 4 personnes

- 2 steaks de bœuf
- 3 carottes
- 200 g de pousses de soja
- 140 g de pousses de bambou
- 125 g de salade mélangée
- 1 cuil. à soupe de graines de sésame
- 1 cuil. à soupe de sauce soja
- 1 cuil. à café de gingembre moulu
- 1 cuil. à soupe de vinaigre de riz
- 1 cuil. à soupe d'huile végétale
- Sel et poivre

Aplatissez le bœuf avec un pilon ou un petit maillet afin qu'il soit le plus fin possible.

Coupez-le en fines lanières.

Faites-le revenir dans l'huile chaude et réservez.

Pelez les carottes et râpez-les finement au robot.

Égouttez le soja et les pousses de bambou.

Faites torréfier les graines de sésame à sec dans une poêle pendant 2 minutes.

Émulsionnez le soja, le gingembre, le vinaigre de riz, le sel et le poivre.

Dressez les salades sur des assiettes, en commençant par la salade mélangée, puis les carottes, les pousses de bambou et le soja.

Finissez par le bœuf et le sésame et arrosez d'un filet de vinaigrette.

Salade d'automne aux noix

Préparation : 15 minutes - Cuisson : 10 minutes
Difficulté : ★ Budget : ★★

Pour 4 personnes

- 1 salade feuille de chêne
- 1 escalope de dinde extrafine
- 3 gousses d'ail
- 200 g de girolles
- 1 cuil. à soupe de persil plat haché
- 1 cuil. à soupe d'huile de tournesol
- 1 cuil. à soupe d'huile de noix
- 1 cuil. à soupe de vinaigre balsamique
- 100 g de cerneaux de noix
- Sel et poivre

Nettoyez et parez la salade.

Dégermez et hachez l'ail.

Coupez la dinde en lanières.

Mélangez l'huile de noix et le vinaigre balsamique.

Ajoutez 1 cuil. à soupe d'eau, salez et poivrez. Réservez.

Faites revenir la viande dans de l'huile chaude.

Ajoutez les girolles nettoyées et coupées en morceaux.

Ajoutez l'ail et le persil. Salez et poivrez.

Laissez colorer.

Mettez la salade dans un saladier et placez au centre la dinde et les girolles persillées.

Parsemez avec les cerneaux de noix.

Présentez la sauce à part.

Salade de poulet à l'orange

Préparation : 15 minutes - Marinade : 1 heure - Cuisson : 15 minutes
Difficulté : ★★ Budget : ★

Pour 4 personnes

- 125 g de mâche
- 2 escalopes de poulet
- 3 oranges non traitées
- 1 citron
- 1 cuil. à café de miel liquide
- 1 cuil. à soupe d'huile d'olive
- 1 cuil. à soupe de graines de pavot
- Sel et poivre

Prélevez les zestes d'une orange.

Pelez les oranges à vif.

Prélevez les suprêmes et réservez le jus.

Coupez les escalopes de poulet en cubes.

Pressez le citron

Déposez le poulet dans un plat creux. Arrosez avec l'huile d'olive, le jus des oranges et du citron, puis parsemez de zeste d'orange. Salez et poivrez.

Couvrez et entreposez au réfrigérateur pendant 1 heure.

Préparez les assiettes en garnissant le fond de mâche et en disposant joliment les quartiers d'oranges.

Dans une sauteuse, faites cuire les cubes de poulet sur feu doux avec la marinade pendant 15 minutes. Ajoutez le miel, salez et poivrez à nouveau si besoin.

Disposez le poulet sur la salade et les oranges.

Arrosez de marinade chaude et parsemez de graines de pavot.

Remarque

Faites cuire la viande au dernier moment car le contraste chaud-froid de cette recette est intéressant sur un plan gustatif, d'autant que l'orange dévoilera ainsi tous ses parfums.

Salade campagnarde

Préparation : 10 minutes - Cuisson : 30 minutes - Difficulté : ★ Budget : ★

Pour 4 personnes

- 125 g de roquette
- 4 œufs
- 1 barquette de tomates cerise
- 1 tranche de jambon blanc dégraissé
- 285 g de maïs
- 80 g de riz complet
- 2 cuil. à soupe d'huile de noix
- 1 cuil. à soupe de vinaigre de vin
- 1 cuil. à soupe de moutarde forte
- Sel et poivre

Faites cuire le riz 20 minutes dans l'eau bouillante salée.

Égouttez et refroidissez-le.

Faites durcir les œufs 10 minutes dans l'eau bouillante salée.

Écalez-les et coupez-les en quatre.

Égouttez le maïs.

Coupez les tomates cerise en deux.

Découpez le jambon en dés.

Préparez la vinaigrette en émulsionnant la moutarde, l'huile et le vinaigre. Salez et poivrez.

Dans un grand saladier, mélangez la roquette, les tomates cerise, le maïs et le jambon. Ajoutez la vinaigrette et mélangez à nouveau.

Posez les œufs durs au-dessus et servez aussitôt.

Salade océane

Préparation : 15 minutes - Cuisson : 10 minutes
Difficulté : ★ Budget : ★★

Pour 4 personnes

- 2 pavés de saumon
- 50 g de raisins blonds
- ½ chou blanc
- 2 citrons verts
- 1 cuil. à soupe d'aneth haché
- 1 cuil. à soupe d'huile d'olive
- 1 cuil. à café de cumin
- Sel et poivre

Faites gonfler les raisins blonds dans un peu d'eau.

Émincez finement le chou blanc.

Pressez les citrons.

Faites cuire les pavés de saumon à la poêle avec ½ cuil. à soupe d'huile d'olive, 5 minutes de chaque côté.

Laissez-le refroidir puis effeuillez-le.

Émulsionnez le jus des citrons avec l'huile d'olive restante, le cumin et l'aneth. Salez et poivrez.

Égouttez les raisins et ajoutez-les à la vinaigrette.

Présentez la salade sur assiette, en disposant le saumon effeuillé sur le chou.

Arrosez généreusement de vinaigrette et servez.

Remarque

Commencez toujours la cuisson des pavés de saumon côté peau et appuyez à l'aide d'une fourchette pour bien maintenir le poisson au contact de la poêle. Cuisez-le ensuite sur les trois autres faces.

Salade de riz au surimi

Préparation : 10 minutes - Cuisson : 20 minutes - Difficulté : ★ Budget : ★

Pour 4 personnes

- 300 g de riz complet
- 16 bâtonnets de surimi
- 2 tomates
- ½ poivron jaune
- 1 cuil. à soupe d'huile de noix
- 1 cuil. à soupe de vinaigre de cidre
- 125 g de roquette
- Sel et poivre

Faites cuire le riz 20 minutes dans de l'eau bouillante salée.

Égouttez-le et refroidissez-le aussitôt.

Détaillez les bâtonnets de surimi en fines rondelles.

Coupez les tomates en quartiers.

Épépinez le poivron et coupez-le en petits dés.

Émulsionnez le vinaigre avec l'huile et ajoutez 2 cuil. à soupe d'eau. Salez et poivrez.

Dans un saladier, mélangez la roquette avec les quartiers de tomates, les rondelles de surimi, les poivrons et le riz.

Arrosez de sauce et servez.

Remarque

Le poivron cru est plus difficile à digérer. Coupez-le en tout petits dés ou faites-le griller avant d'enlever la peau. Il sera plus digeste.

Soupe de poissons

Préparation : 15 minutes - Cuisson : 35 minutes
Difficulté : ★★ Budget : ★★

Pour 4 personnes

- 500 g de poissons entiers, vidés ou en filets (bar, rouget, merlan…)
- 200 g de coulis de tomates
- 25 cl de vin blanc
- 2 oignons
- 2 gousses d'ail
- 2 blancs de poireaux
- 1 bouquet garni
- Piment de Cayenne
- 1 cuil. à soupe d'huile d'olive
- Sel et poivre

Dans une grande cocotte, faites revenir l'ail et les oignons émincés dans l'huile. Quand ils sont translucides, ajoutez les poireaux finement émincés et les poissons coupés en morceaux.

Mouillez avec le vin blanc et 75 cl d'eau.

Ajoutez le bouquet garni, une pincée de piment de Cayenne, salez et poivrez.

Laissez cuire à petits bouillons pendant 20 minutes.

Versez le coulis de tomates et terminez la cuisson pendant 10 minutes.

Retirez le bouquet garni, puis passez la soupe au moulin à légumes.

Filtrez au chinois ou dans une passoire fine.

Servez la soupe bien chaude.

Scampi flambés et sauce au yaourt

Préparation : 15 minutes - Cuisson : 10 minutes
Difficulté : ★ Budget : ★★

Pour 4 personnes

- 1 kg de scampi frais
- 1 cuil. à soupe d'huile d'olive
- 10 cl de cognac
- 2 yaourts à 0 % de MG
- 1 cuil. à soupe de ciboulette hachée
- Sel et poivre

Étêtez, lavez et essuyez les scampi avec du papier absorbant.

Salez et poivrez-les à cru.

Faites chauffer l'huile d'olive dans une poêle.

Quand elle est bien chaude, jetez-y les scampi et faites-les revenir pendant 5 minutes.

Ajoutez le cognac et faites flamber jusqu'à ce que la flamme s'éteigne.

Mélangez les yaourts avec la ciboulette.

Salez et poivrez.

Présentez les scampi avec la sauce à part, dans un petit bol.

Remarque

Si vous ne trouvez pas de scampi, vous pouvez réaliser cette recette avec d'autres crustacés, comme les langoustines, les gambas ou les crevettes sauvages.

Scampi marinés

Préparation : 10 minutes - Marinade : 1 heure - Cuisson : 15 minutes
Difficulté : ★★ Budget : ★★

Pour 4 personnes

- 1 kg de scampi frais
- 2 gousses d'ail
- 20 cl de jus de citron vert
- 2 cuil. à café de massalé
- Piment fort
- 1 bâton de citronnelle
- 1 bouquet de coriandre
- 1 cuil. à soupe d'huile d'olive
- Sel et poivre

Plongez les scampi 1 minute dans l'eau bouillante et refroidissez aussitôt.

Décortiquez-les.

Déposez-les dans un plat creux avec l'ail pelé, le bâton de citronnelle et la coriandre lavée.

Versez le jus de citron et parsemez avec une pincée de piment et le massalé. Salez et poivrez.

Couvrez et entreposez au frais pendant 1 heure.

Retirez les scampi de la marinade et faites-les cuire 10 minutes dans l'huile d'olive chaude.

Filtrez la marinade, ajoutez-la aux scampi et poursuivez la cuisson 5 minutes à découvert.

Remarque

Servez les scampi marinés avec une portion de riz. Le riz thaï ou le riz basmati sont tout indiqués pour conserver le côté exotique de la recette. Mais vous pouvez aussi essayer le riz de Camargue, parfumé et délicat.

Surimi et avocat en verrine

Préparation : 20 minutes - Difficulté : ★ Budget : ★★

Pour 4 personnes

- 2 avocats bien mûrs
- 2 gousses d'ail
- 2 yaourts brassés
- 1 cuil. à soupe de concentré de tomates
- 200 g de crevettes cuites
- 200 g de surimi en miettes
- 5 cl de jus de citron
- 1 cuil. à café de piment moulu
- Persil
- Sel et poivre

Passez les avocats au blender avec l'ail pressé, le jus du citron et le piment.

Salez et poivrez, puis mixez jusqu'à l'obtention d'une purée lisse.

Battez au fouet les yaourts avec le concentré de tomates.

Poivrez généreusement et réservez.

Décortiquez les crevettes.

Tapissez le fond des verrines avec la purée d'avocat.

Ajoutez les miettes de surimi et les crevettes décortiquées.

Nappez de sauce et décorez de persil avant de servir.

Toasts de chèvre et salade de jeunes pousses

Préparation : 10 minutes - Cuisson : 10 minutes - Difficulté : ★ Budget : ★

Pour 4 personnes

- 250 g de mélange de jeunes pousses
- 4 tranches de pain de mie complet
- 1 bûche de chèvre mi-sec
- 1 cuil. à café de graines de cumin
- 1 cuil. à soupe d'huile d'olive
- 1 cuil. à soupe de vinaigre de cidre
- 100 g de noisettes décortiquées
- 15 g de beurre allégé
- Sel et poivre du moulin

Préchauffez le four à 180 °C (th. 6).

Coupez les tranches de pain de mie en deux pour obtenir des triangles.

Beurrez légèrement le centre.

Débitez la bûche de chèvre en 8 tronçons.

Déposez un tronçon de bûche sur chaque demi-tranche et donnez un tour de moulin à poivre.

Enfournez pour 10 minutes.

Émulsionnez le vinaigre et l'huile. Salez, poivrez et allongez avec 2 cuil. à soupe d'eau.

Concassez les noisettes au pilon.

Présentez la salade arrosée de vinaigrette et parsemée d'éclats de noisettes, avec les toasts de chèvre chaud posés sur la salade ou sur le côté de l'assiette.

Au moment de servir, saupoudrez de graines de cumin.

Remarque

Si vous ne possédez pas de pilon, vous pouvez utiliser un rouleau à pâtisserie pour concasser les noisettes. Placez alors les noisettes dans un linge propre et tapez avec le rouleau sur une surface dure.

Tortilla aux deux poivrons

Préparation : 15 minutes - Cuisson : 30 minutes - Difficulté : ★ Budget : ★

Pour 4 personnes

- 8 œufs
- ½ poivron rouge
- ½ poivron vert
- 2 oignons
- 20 cl de crème liquide légère
- 2 cuil. à soupe d'huile de tournesol
- 1 cuil. à café de muscade
- Sel et poivre du moulin

Préchauffez le four à 210 °C (th. 7).

Épépinez et coupez les poivrons en petits dés réguliers.

Émincez les oignons.

Faites revenir les oignons émincés et les dés de poivrons dans 1 cuil. à soupe d'huile pendant 10 minutes, 5 minutes à découvert et 5 minutes à couvert.

Battez les œufs en omelette.

Ajoutez la crème liquide et la muscade. Salez et poivrez.

Huilez un moule à manqué avec un papier absorbant imbibé de 1 cuil. à soupe d'huile.

Ajoutez les poivrons et les oignons aux œufs battus, puis versez l'ensemble dans le moule à manqué.

Enfournez pour 20 minutes.

Remarque

Contrairement à une tortilla traditionnelle, cuite à la poêle, celle-ci est beaucoup moins gourmande en matières grasses et donc plus légère. Battez longuement les œufs afin qu'elle gonfle bien à la cuisson.

Velouté de pois cassés et croûtons maison

Préparation : 15 minutes - Cuisson : 45 minutes - Difficulté : ★ Budget : ★

Pour 4 personnes

- 250 g pois cassés
- 2 blancs de poireaux
- 1 oignon
- 1 cube de bouillon de volaille
- 20 cl de lait demi-écrémé
- 2 tranches de pain de campagne
- 2 gousses d'ail
- Sel et poivre

Émincez finement l'oignon et les blancs de poireaux.

Rincez les pois cassés.

Mettez les pois cassés, les oignons et les poireaux dans une grande casserole.

Couvrez avec 1 l d'eau et ajoutez le cube de bouillon de volaille.

Laissez cuire sur feu moyen pendant 35 minutes après ébullition.

Frottez les tranches de pain de campagne avec les gousses d'ail pelées.

Coupez les tranches en mouillettes et passez-les sous le gril chaud pendant 5 minutes.

Mixez le velouté au mixeur plongeant.

Ajoutez le lait et rectifiez l'assaisonnement si besoin.

Présentez le velouté avec les mouillettes à l'ail.

Velouté de petits pois à la menthe

Préparation : 10 minutes - Cuisson : 30 minutes - Difficulté : ★ Budget : ★

Pour 4 personnes

- 300 g de petits pois
- 2 petites pommes de terre
- 2 oignons
- 1 bouquet de menthe
- 1 cube de bouillon de légumes
- 1 cuil. à soupe d'huile d'olive
- Sel et poivre du moulin

Faites revenir l'oignon émincé dans l'huile d'olive.

Lorsqu'il est translucide, ajoutez les petits pois et les pommes de terre coupées en petits cubes.

Couvrez d'eau, ajoutez le cube de bouillon. Salez et poivrez.

Laissez cuire 30 minutes à petits bouillons.

Effeuillez la menthe et réservez quelques feuilles pour la décoration.

Ajoutez la menthe quand le mélange aux petits pois est cuit.

Mixez au bras à soupe et laissez complètement refroidir.

Présentez dans de petits bols, en décorant avec les feuilles de menthe restantes.

Remarque

Vous pouvez tout à fait présenter ce velouté dans des petites verrines, pour un apéritif aussi gustatif que léger. En été, mixez-le avec quelques glaçons pour un effet fraîcheur.

Bar grillé aux amandes

Préparation : 10 minutes - Cuisson : 20 minutes - Difficulté : ★ Budget : ★★

Pour 4 personnes

- 4 pavés de bar
- 150 g d'amandes effilées
- 3 gousses d'ail
- 2 cuil. à soupe d'huile d'olive
- 10 cl de vin blanc
- Sel et poivre

Préchauffez le four à 210 °C (th. 7).

Salez et poivrez l'intérieur des poissons.

Mettez le vin blanc et 2 cuil. à soupe d'eau dans un grand plat allant au four.

Déposez les poissons.

Ajoutez les gousses d'ail en chemise.

Arrosez d'huile d'olive.

Enfournez pour 20 minutes.

Retournez les poissons à mi-cuisson.

Faites griller les amandes à sec dans une poêle.

Au moment de servir, disposez les amandes encore chaudes sur les poissons égouttés.

Remarque

Si vous n'avez pas l'habitude de le faire, demandez à votre poissonnier de vider et d'écailler le poisson.

Bar en papillote et sauce au vin

Préparation : 10 minutes - Cuisson : 40 minutes
Difficulté : ★★ Budget : ★★

Pour 4 personnes

- 4 pavés de bar
- 25 cl de vin rouge
- 25 cl de bouillon de volaille
- 100 g d'oignons grelots
- 150 g d'épinards frais
- 1 cuil. à soupe de Maïzena
- Sel et poivre

Préchauffez le four à 210 °C (th. 7).

Découpez 4 grands carrés de papier aluminium.

Déposez au centre un tas généreux d'épinards lavés.

Posez dessus les pavés de bar, salés et poivrés.

Fermez hermétiquement les papillotes et enfournez pour 20 minutes.

Faites réduire le vin rouge et le bouillon de volaille avec les oignons grelots, pendant 15 minutes environ, sur feu moyen.

Quand la sauce a réduit de moitié, ajoutez la Maïzena et donnez quelques tours de fouet.

Salez et poivrez.

Présentez les papillotes ouvertes avec la sauce à part.

Boulettes de poulet à la citronnelle

Préparation : 25 minutes - Cuisson : 20 minutes - Marinade : 24 heures Repos : 10 minutes - Difficulté : ★★ Budget : ★

Pour 4 personnes

- 3 escalopes de poulet
- 1 œuf
- 1 bâton de citronnelle
- 2 citrons verts
- 1 cuil. à café de gingembre moulu
- 1 cuil. à café de piment doux
- 1 cuil. à soupe d'huile d'olive
- 1 cuil. à soupe d'huile de tournesol
- 1 cuil. à soupe de sauce soja
- 1 cuil. à soupe de lait de soja
- Sel et poivre

Coupez le poulet en gros cubes et placez dans un plat creux avec la citronnelle, le jus des citrons verts, le piment doux, le gingembre moulu et l'huile d'olive.

Couvrez et laissez au frais 24 heures.

Retirez la citronnelle et hachez la viande égouttée au robot mixeur.

Ajoutez 2 cuil. à soupe de marinade et l'œuf.

Salez et poivrez. Mélangez bien.

Placez à nouveau au frais pour 10 minutes.

Confectionnez des boulettes de la taille d'une noix et réservez.

Faites chauffer l'huile de tournesol dans une sauteuse à hauts bords.

Faites dorer les boulettes sur tous les côtés et réservez.

Déglacez la poêle avec la sauce soja en grattant bien le fond de la sauteuse avec une cuillère en bois. Ajoutez le jus de citron, le lait de soja et laissez réduire 2 minutes.

Présentez les boulettes avec la sauce à part.

Remarque

Une recette aux accents exotiques qui réveillent les papilles mais qui est aussi intéressante pour son apport en protéines (poulet, œuf, lait de soja).

Cassolette de saumon à la crème

Préparation : 10 minutes - Cuisson : 35 minutes - Difficulté : ★ Budget : ★★

Pour 4 personnes

- 300 g de saumon frais en morceaux
- 2 patates douces
- 2 citrons verts
- 30 cl de crème liquide légère
- 2 cuil. à soupe d'aneth haché
- 1 cuil. à soupe d'huile d'olive
- Sel et poivre

Faites précuire les patates douces coupées en cubes 10 minutes, à la vapeur.

Dans une cocote, faites revenir les morceaux de saumon dans l'huile chaude, à feu doux (ils ne doivent pas colorer), pendant une dizaine de minutes.

Pressez les citrons.

Ajoutez la crème liquide et le jus des citrons dans la cocotte.

Salez, poivrez et mélangez.

Terminez la cuisson des patates dans la cocotte avec le saumon pendant 15 minutes sur feu moyen.

Présentez le plat dans des cassolettes individuelles et décorez d'aneth avant de servir.

Cassolette de veau aux deux olives

Préparation : 10 minutes - Cuisson : 50 minutes - Difficulté : ★ Budget : ★★

Pour 4 personnes

- 300 g de sauté de veau
- 100 g d'olives vertes
- 100 g d'olives noires
- 1 bouquet garni
- 4 carottes
- 1 cuil. à café de fond de veau
- 1 cuil. à soupe de farine
- 1 cuil. à soupe d'huile d'olive
- Sel et poivre

Épluchez les carottes puis coupez-les en rondelles.

Dans une cocotte, faites revenir le veau sur chaque face dans l'huile chaude.

Parsemez la viande de farine et remuez avec la cuillère en bois.

Couvrez d'eau froide, ajoutez le fond de veau et le bouquet garni, puis les rondelles de carottes.

Salez et poivrez.

Laissez cuire sur feu doux à couvert pendant 40 minutes.

Ajoutez les olives 5 minutes avant la fin de cuisson et ôtez le bouquet garni au moment de servir.

Remarque

Le veau est une viande très intéressante dans un programme minceur car elle est bien pourvue en protéines et elle est peu grasse. Son goût est fin et elle offre une texture à la fois ferme et fondante.

Chili con carne

Préparation : 5 minutes - Cuisson : 40 minutes - Difficulté : ★ Budget : ★

Pour 4 personnes

- 200 g de viande hachée à 20 % de MG
- 250 g de haricots rouges au naturel
- 2 oignons
- 15 cl de coulis de tomates
- Piment de Cayenne
- 1 cuil. à café de piment doux
- 1 cuil. à soupe d'huile d'olive
- Sel et poivre

Dans une cocotte, faites revenir les oignons émincés dans l'huile.

Quand ils sont translucides, ajoutez la viande.

Salez et poivrez.

Mélangez avec une pincée de piment de Cayenne et le piment doux.

Faites revenir le tout pendant 5 minutes, en remuant.

Ajoutez les haricots égouttés et le coulis de tomates.

Laissez mijoter 30 minutes à découvert.

Couscous léger aux légumes

Préparation : 20 minutes - Cuisson : 50 minutes
Difficulté : ★★ Budget : ★

Pour 4 personnes

- 4 carottes
- 2 courgettes
- 2 branches de céleri
- 320 g de semoule moyenne
- 220 g de pois chiches
- 70 g de concentré de tomates
- 1 cube de bouillon de légumes
- 1 cuil. à café de 4 épices
- 1 cuil. à café de ras-el-hanout
- 1 cuil. à café de harissa
- 1 cuil. à soupe d'huile d'olive
- Sel

Épluchez et détaillez les légumes en tronçons réguliers. Mettez-les dans une casserole et couvrez d'eau. Ajoutez le cube de bouillon de légumes et laissez cuire pendant 20 minutes, à petits bouillons. Égouttez les légumes, réservez-les et conservez le bouillon.

Versez la semoule dans un plat creux et égrainez-la avec l'huile d'olive. Couvrez d'eau chaude et laissez gonfler 10 minutes, sous un papier aluminium.

Dans une casserole, diluez le concentré de tomates et la harissa avec un peu de bouillon de légumes.

Ajoutez les épices et allongez avec le reste du bouillon.

Assaisonnez à nouveau au besoin.

Replongez les légumes et les pois chiches égouttés et faites réchauffer 5 minutes.

Faites cuire la semoule 10 minutes au couscoussier ou à la vapeur. Aérez la semoule avec une fourchette.

Servez les légumes disposés sur la semoule avec la sauce à part.

Remarque

Vous pouvez aussi préparer cette recette avec de la semoule fine. La préparation reste la même, mais vous n'avez pas besoin de la cuire au couscoussier. En la faisant gonfler avec de l'eau bien chaude, elle cuira automatiquement. Il ne vous restera plus qu'à l'aérer à la fourchette.

Couscous léger au potiron

Préparation : 20 minutes - Cuisson : 50 minutes
Difficulté : ★★ Budget : ★

Pour 4 personnes

- 320 g de semoule moyenne
- 2 carottes
- ¼ de potiron
- 2 pommes de terre
- 2 branches de céleri
- 1 bouquet de coriandre
- 2 cuil. à soupe de raisins secs
- 1 cube de bouillon de légumes
- 70 g de concentré de tomates
- 1 cuil. à café de 4 épices
- 1 cuil. à café de ras-el-hanout
- 1 cuil. à café de harissa
- 1 cuil. à soupe d'huile d'olive

Coupez les légumes en gros cubes et le céleri en tronçons. Placez-les dans un grand faitout et couvrez d'eau froide. Ajoutez le bouillon de légumes, portez à ébullition, puis laissez cuire 20 minutes sur feu moyen.

Versez la semoule dans un plat creux et égrainez-la avec l'huile d'olive. Couvrez d'eau chaude et laissez gonfler 10 minutes sous un papier aluminium.

Diluez le concentré de tomates et la harissa avec une louche de bouillon. Ajoutez le 4 épices et le ras-el-hanout. Salez et mélangez avec le reste du bouillon et les légumes.

Ajoutez les raisins et la coriandre lavée dans le bouillon, et poursuivez la cuisson 10 minutes.

Faites cuire la semoule 10 minutes au couscoussier ou à la vapeur.

Aérez-la avec une fourchette.

Servez la semoule seule et les légumes dans une soupière.

Remarque

Le potiron a tendance à se défaire à la cuisson, c'est normal. Achetez-le ferme et faites-le cuire avec la peau.

Haricots rouges à la tomate

Préparation : 10 minutes - Trempage : 24 heures - Cuisson : 3 heures
Difficulté : ★ Budget : ★

Pour 4 personnes

- 200 g de haricots rouges secs
- 2 oignons
- 4 tomates
- 1 cuil. à soupe de bicarbonate
- 1 cuil. à soupe d'huile d'olive
- Piment en poudre
- Sel et poivre

Laissez tremper les haricots 24 heures, puis égouttez-les.

Faites revenir les oignons émincés dans un grand faitout avec l'huile.

Ajoutez les tomates pelées et épépinées.

Laissez colorer 5 minutes.

Versez les haricots, puis couvrez d'eau froide.

Assaisonnez avec le piment et le poivre.

Laissez cuire sur feu moyen pendant 3 heures.

Salez en fin de cuisson.

Remarque

Il faut toujours saler les haricots rouges en fin cuisson, car le sel, en début de cuisson, a tendance à durcir la coque et les haricots ne cuisent alors plus correctement.

Coquelet farci

Préparation : 10 minutes - Cuisson : 40 minutes - Difficulté : ★ Budget : ★

Pour 4 personnes

- 1 coquelet
- 200 g de fromage blanc à 20 % de MG
- 1 cuil. à soupe de raisins secs
- 5 cl de cognac
- 1 cuil. à soupe d'huile
- Sel et poivre

Préchauffez le four à 210 °C (th. 7).

Mélangez le fromage blanc avec les raisins et le cognac.

Salez et poivrez.

Farcissez l'intérieur du coquelet avec le mélange.

Posez le coquelet dans une cocotte en fonte.

Badigeonnez d'huile au pinceau.

Versez un verre d'eau dans le fond de la cocotte.

Fermez le couvercle et enfournez pour 40 minutes.

Coquelet rôti au miel

Préparation : 10 minutes - Cuisson : 40 minutes - Difficulté : ★ Budget : ★

Pour 4 personnes

- 1 coquelet
- 2 citrons
- 2 cuil. à soupe de miel liquide
- Sel et poivre

Préchauffez le four à 210 °C (th. 7).

Pressez les citrons.

Mélangez le jus des citrons avec le miel.

Salez et poivrez le coquelet.

Posez-le dans un plat creux allant au four.

Badigeonnez-le avec le mélange miel et citron et enfournez pour 40 minutes.

Arrosez régulièrement en cours de cuisson et badigeonnez à nouveau avec le miel au citron.

Remarque

Si vous disposez d'une rôtissoire, utilisez-la pour cette recette, c'est encore mieux ! La cuisson se fera très lentement (comptez alors 1 h 30 de cuisson) et uniformément. Et vous pourrez vous dispenser d'arroser en cours de cuisson.

Escalope de poulet et sauce au tofu soyeux

Préparation : 5 minutes - Cuisson : 15 minutes - Difficulté : ★ Budget : ★

Pour 4 personnes

- 4 escalopes de poulet
- 300 g de tofu soyeux
- 150 g de fromage blanc à 20 % de MG
- 2 gousses d'ail
- 10 cl d'huile de sésame
- 1 cuil. à soupe d'huile de colza
- Sel et poivre

Placez le tofu, l'huile de sésame, les gousses d'ail et le fromage blanc dans le bol du robot et mixez.

Salez et poivrez. Réservez.

Salez et poivrez les escalopes de poulets.

Faites chauffer l'huile de colza et saisissez les escalopes des deux côtés.

Baissez le feu, ajoutez la sauce au tofu et terminez la cuisson 10 minutes, à feu doux.

Remarque

Le tofu soyeux n'a pas du tout la même consistance que le tofu traditionnel : il est beaucoup plus crémeux. Il s'intègre ainsi très facilement dans les sauces.

Escalope de dinde panée

Préparation : 10 minutes - Cuisson : 10 minutes - Difficulté : ★ Budget : ★

Pour 4 personnes

- 4 escalopes de dinde extrafines
- 2 œufs
- 2 citrons
- 2 cuil. à soupe de chapelure
- 1 cuil. à soupe d'huile de colza
- Sel et poivre

Salez et poivrez les escalopes à cru.

Battez les œufs en omelette.

Placez la chapelure dans une assiette creuse.

Trempez rapidement les escalopes dans les œufs battus, puis dans la chapelure.

Faites chauffer l'huile dans une poêle antiadhésive.

Faites revenir les escalopes 2 minutes de chaque côté.

Couvrez et terminez la cuisson 5 minutes, sur feu doux.

Servez les escalopes avec un demi-citron par personne.

Remarque

Les escalopes de dinde doivent être les plus fines possible afin de diminuer le temps de cuisson et donc l'absorption de matières grasses. Aplatissez-les au besoin.

Langoustines à l'armoricaine

Préparation : 10 minutes - Cuisson : 30 minutes - Difficulté : ★ Budget : ★★

Pour 4 personnes

- 1 kg de langoustines crues
- 5 échalotes
- 50 cl de vin blanc sec
- 50 cl de jus de tomate
- 1 cuil. à soupe d'huile de colza
- Piment de Cayenne
- 1 cuil. à café de paprika
- Sel et poivre

Faites revenir les échalotes hachées dans une grande cocotte avec l'huile.

Jetez-y les langoustines et mélangez pendant 2 à 3 minutes.

Ajoutez le vin blanc et le jus de tomate.

Salez et poivrez, puis ajoutez le piment de Cayenne et le paprika.

Laissez réduire 30 minutes sur feu doux.

Servez bien chaud.

Langoustines froides et sauce légère

Préparation : 5 minutes - Cuisson : 5 minutes - Difficulté : ★ Budget : ★★

Pour 4 personnes

- 1 kg de langoustines crues
- 1 l de fumet de poisson
- 1 citron vert
- 100 g de fromage blanc à 20 % de MG
- 1 cuil. à soupe d'aneth haché
- 1 cuil. à soupe de ciboulette hachée
- Sel et poivre

Portez à ébullition le fumet de poisson.

Plongez-y les langoustines et laissez cuire 5 minutes.

Égouttez et refroidissez aussitôt.

Pressez le citron.

Mélangez au fouet le fromage blanc avec les herbes hachées et le jus de citron.

Salez et poivrez généreusement.

Présentez les langoustines avec la sauce à part, dans un petit bol.

Remarque

À défaut de fumet de poisson, faites cuire les langoustines dans de l'eau bouillante additionnée d'un cube de bouillon de légumes.

Lapin à la moutarde ancienne

Préparation : 15 minutes - Cuisson : 30 minutes - Difficulté : ★ Budget : ★★

Pour 4 personnes

- 1 lapin entier découpé
- 4 carottes
- 4 pommes de terre
- 4 cuil. à soupe de moutarde ancienne
- 4 cuil. à soupe de fromage blanc à 20 % de MG
- 1 feuille de laurier
- 1 branche de thym
- Sel et poivre

Préchauffez le four à 210 °C (th. 7)

Coupez les carottes et les pommes de terre en petits cubes.

Mélangez le fromage blanc et la moutarde à l'ancienne.

Salez et poivrez le lapin.

Badigeonnez les morceaux de lapin avec le mélange fromage blanc et moutarde.

Placez le lapin dans une cocotte et disposez les légumes tout autour, avec le thym et le laurier.

Versez un grand verre d'eau dans le fond de la cocotte.

Fermez et enfournez pour 30 minutes.

Lapin en cocotte

Préparation : 15 minutes - Cuisson : 30 minutes - Difficulté : ★ Budget : ★★

Pour 4 personnes

- 1 lapin entier découpé
- 4 pommes de terre
- 4 navets
- 4 carottes
- 4 oignons
- 40 cl de fond de volaille
- Sel et poivre

Préchauffez le four à 210 °C (th. 7)

Pelez et coupez tous les légumes en petits dés.

Émincez les oignons.

Salez et poivrez les morceaux de lapin.

Déposez les morceaux de lapin dans une cocotte allant au four.

Disposez les légumes autour.

Parsemez avec les oignons émincés.

Mouillez avec le fond de volaille.

Fermez la cocotte et enfournez pour 30 minutes.

Remarque

Riche en acides aminés essentiels et pauvre en graisses, le lapin est très intéressant dans le cadre d'un programme minceur. Il est par ailleurs très bien pourvu en protéines d'excellente qualité.

Légumes revenus au tofu

Préparation : 15 minutes - Cuisson : 25 minutes - Difficulté : ★ Budget : ★

Pour 4 personnes

- 200 g de haricots plats
- 2 carottes
- 1 bouquet de brocoli
- 140 g de pousses de bambou
- 200 g de tofu ferme
- 2 cuil. à soupe de sauce soja
- 1 cuil. à café de gingembre moulu
- 1 cuil. à soupe d'huile d'olive
- Sel et poivre

Coupez les haricots plats en tronçons.

Faites-les cuire à la vapeur pendant 10 minutes. Réservez.

Épluchez et coupez les carottes en petits bâtonnets.

Détaillez le brocoli en tout petits bouquets.

Égouttez les pousses de bambou.

Débitez le tofu en cubes.

Faites chauffer l'huile dans un wok.

Faites revenir tous les légumes dans l'huile chaude pendant 10 minutes, en remuant sans arrêt.

Salez et poivrez. Parsemez de gingembre moulu.

Ajoutez la sauce soja et le tofu.

Baissez le feu et terminez la cuisson en pendant 5 minutes en remuant toujours.

Remarque

Veillez à couper les légumes le plus finement possible pour qu'ils cuisent à cœur, sans griller.

Quinoa aux brocolis

Préparation : 5 minutes - Cuisson : 10 minutes - Difficulté : ★ Budget : ★

Pour 4 personnes

- 200 g de quinoa
- 1 bouquet de brocoli
- 3 échalotes
- 1 cuil. à café de cumin
- Sel et poivre

Détaillez le brocoli en tout petits bouquets.

Rincez le quinoa et faites-le cuire pendant 10 minutes dans deux fois son volume d'eau salée. Égouttez.

Faites revenir les échalotes hachées et les brocolis dans une grande sauteuse avec l'huile.

Salez, poivrez et saupoudrez de cumin.

Ajoutez le quinoa et mélangez bien.

Remarque

Rincez toujours le quinoa avant de l'utiliser pour enlever toute trace de pesticides.

Quinoa parfumé au curry

Préparation : 5 minutes - Cuisson : 10 minutes - Difficulté : ★ Budget : ★

Pour 4 personnes

- 200 g de quinoa
- 2 cuil. à café de curry
- 1 barquette de champignons de Paris
- 2 échalotes
- Sel et poivre

Essuyez les champignons avec un papier absorbant et coupez-les en gros cubes.

Rincez le quinoa et faites-le cuire pendant 10 minutes dans deux fois son volume d'eau salée. Égouttez.

Faites revenir les échalotes hachées et les champignons dans une grande sauteuse avec l'huile.

Salez, poivrez et saupoudrez de curry.

Ajoutez le quinoa et mélangez bien.

Raie citronnée et sauce aux câpres

Préparation : 5 minutes - Cuisson : 20 minutes - Difficulté : ★ Budget : ★★

Pour 4 personnes

- 2 ailes de raie
- 2 citrons
- 20 cl de crème liquide légère
- 2 cuil. à soupe de câpres
- Vinaigre
- Sel et poivre

Essuyez la raie et pressez un demi-citron sur chaque côté.

Portez à ébullition un grand volume d'eau salée et fortement vinaigrée.

Plongez-y la raie et faites-la cuire pendant 15 minutes.

Égouttez.

Dans une petite casserole, fouettez la crème avec le sel et le poivre.

Ajoutez les câpres.

Servez la raie nappée d'un peu de sauce.

Raie au cidre

Préparation : 5 minutes - Cuisson : 20 minutes - Difficulté : ★ Budget : ★★

Pour 4 personnes

- 2 ailes de raie
- 75 cl de cidre
- 20 cl de crème liquide légère
- Sel et poivre

Essuyez la raie.

Faites chauffer le cidre dans une grande marmite.

Faites pocher la raie dans le cidre à petits bouillons pendant 15 minutes.

Égouttez et réservez la raie.

Faites réduire le cidre de moitié et ajoutez la crème liquide.

Salez, poivrez et mélangez bien.

Servez le poisson nappé de sauce.

Remarque

Accompagnez ce plat de céréales (blé, quinoa, épeautre…) ou de riz complet. Vous pouvez aussi essayer la semoule, qui fera un accompagnement plus original.

Riz complet aux moules

Préparation : 10 minutes - Cuisson : 30 minutes - Difficulté : ★ Budget : ★★

Pour 4 personnes

- 1 l de moules
- 1 oignon
- 240 g de riz
- 1 cuil. à soupe d'huile
- 2 cuil. à soupe de persil haché
- Sel et poivre

Faites ouvrir les moules à sec dans une grande cocotte couverte pendant 5 minutes.

Faites revenir l'oignon émincé dans l'huile dans une grande sauteuse.

Ajoutez le riz et mélangez jusqu'à ce qu'il soit translucide.

Couvrez d'eau, salez et poivrez.

Laissez cuire à petits bouillons pendant 20 minutes.

Décoquillez les moules et mélangez-les délicatement avec le riz, 5 minutes avant la fin de cuisson.

Ajoutez le persil avant de servir.

Remarque

Si vous êtes pressé, vous pouvez utiliser des moules surgelées. Mélangez-les alors au riz lorsqu'elles sont encore gelées, 10 minutes avant la fin de cuisson.

Tagliatelle au surimi

Préparation : 5 minutes - Cuisson : 15 minutes - Difficulté : ★ Budget : ★

Pour 4 personnes

- 350 g de tagliatelle fraîches
- 200 g de surimi en miettes
- 20 cl de crème liquide légère
- 2 cuil. à soupe de ciboulette ciselée
- Sel et poivre

Faites cuire les tagliatelle dans un grand volume d'eau bouillante salée pendant 10 minutes. Égouttez.

Replacez les tagliatelle dans la casserole avec le surimi et la crème liquide.

Salez et poivrez.

Mélangez pendant 5 minutes sur feu doux.

Parsemez de ciboulette ciselée avant de servir.

Tagliatelle au jambon

Préparation : 5 minutes - Cuisson : 15 minutes - Difficulté : ★ Budget : ★

Pour 4 personnes

- 350 g de tagliatelle fraîches
- 4 tranches de jambon blanc dégraissé
- 5 tomates séchées
- 20 cl de crème liquide légère
- 2 cuil. à soupe de ciboulette ciselée
- Sel et poivre

Coupez le jambon et les tomates en fines lanières.

Faites cuire les tagliatelle dans un grand volume d'eau bouillante salée pendant 10 minutes. Égouttez.

Replacez les pâtes dans la casserole.

Ajoutez le jambon, les tomates et la crème liquide.

Mélangez intimement.

Salez et poivrez.

Ajoutez la ciboulette au moment de servir.

Crème vanillée au tapioca

Préparation : 10 minutes - Cuisson : 15 minutes - Difficulté : ★ Budget : ★

Pour 4 personnes

- 75 g de tapioca
- ½ l de lait
- 1 gousse de vanille
- 2 œufs
- 20 g de fructose
- 1 sachet de sucre vanillé

Fendez la gousse de vanille en deux et grattez les graines.

Portez le lait à ébullition avec les graines et la gousse de vanille.

Versez le tapioca en pluie et laissez cuire 10 minutes en remuant sans cesse.

Séparer les blancs des jaunes d'œufs.

Hors du feu, ajoutez les jaunes et remettez sur feu doux 2 minutes en remuant.

Battez les blancs en neige ferme.

Ajoutez le fructose aux blancs et incorporez le tout au tapioca légèrement refroidi.

Enlevez la gousse de vanille avant de servir.

Présentez dans des ramequins individuels.

Remarque

Vous trouverez souvent le tapioca sous la dénomination de « perles du Japon », dans le rayon des riz, pâtes et semoules.

Faisselle aux herbes fraîches

Préparation : 5 minutes - Difficulté : ★ Budget : ★

Pour 4 personnes

- 1 faisselle de 250 g
- 1 cuil. à soupe de ciboulette hachée
- 1 cuil. à soupe de persil plat haché
- 1 cuil. à soupe de cerfeuil haché
- 150 g de confiture de griottes allégée
- Sel et poivre

Écrasez la faisselle à la fourchette.

Salez et poivrez.

Mélangez-la avec la ciboulette, le cerfeuil et le persil.

Dans des coupelles, présentez la faisselle nappée de confiture de griottes.

Remarque

Le mélange sucré-salé peut être surprenant de prime abord mais ici le mariage fonctionne plutôt bien.

Faisselle et coulis d'abricots

Préparation : 5 minutes - Cuisson : 30 minutes - Difficulté : ★ Budget : ★

Pour 4 personnes

- 500 g d'abricots bien mûrs
- 1 faisselle de 250 g
- 1 cuil. à soupe de sucre de canne

Dénoyautez les abricots et coupez-les en petits morceaux.

Dans une casserole, faites-les doucement compoter avec le sucre de canne et 4 cuil. à soupe d'eau pendant 30 minutes.

Mixez au blender et allongez avec un peu d'eau pour obtenir le coulis.

Écrasez la faisselle à la fourchette.

Tapissez des verrines avec un fond de coulis et superposez la faisselle.

Servez frais.

Gâteau au fromage blanc

Préparation : 15 minutes - Cuisson : 40 minutes - Difficulté : ★ Budget : ★

Pour 6 personnes

- 500 g de fromage blanc à 20 % de MG
- 3 œufs
- 50 g de farine
- 20 g de fructose
- 1 sachet de levure chimique
- 1 citron

Préchauffez le four à 180 °C (th. 6).

Séparez les blancs des jaunes d'œufs.

Mélangez intimement les jaunes d'œufs, le fromage blanc, le fructose, la farine et la levure.

Pressez le citron et ajoutez le jus à la préparation.

Montez les blancs en neige.

Incorporez-les délicatement à l'appareil.

Versez la préparation dans un moule à manqué en silicone.

Enfournez pour 40 minutes.

Œufs à la neige et coulis de fruits rouges

Préparation : 5 minutes - Cuisson : 15 minutes - Difficulté : ★ Budget : ★

Pour 4 personnes

- 4 œufs
- 120 g d'aspartame
- 1 l de coulis de fruits rouges
- Sel

Séparez les blancs des jaunes d'œufs.

Montez les blancs en neige ferme avec une pincée de sel.

Incorporez lentement l'aspartame en continuant à battre.

Faites chauffer une grande casserole d'eau.

Prélevez des quenelles de blancs d'œufs montés et faites les pocher 2 minutes dans l'eau frémissante en les retournant à mi-cuisson.

Disposez un lit de coulis dans des coupelles et déposez les quenelles au-dessus.

Remarque

Vous pouvez décliner cette recette à l'envi et utiliser toutes sortes de coulis, selon les saisons.

Panna cotta aux pistaches

Préparation : 5 minutes - Cuisson : 10 minutes - Repos : 2 heures
Difficulté : ★ Budget : ★

Pour 4 personnes

- 25 cl de lait de soja
- 2 cuil. à soupe de crème fraîche allégée
- 1 sachet de sucre vanillé
- 30 g d'aspartame
- 2 g d'agar-agar
- 2 cuil. à soupe de pistaches concassées

Dans une casserole, faites chauffer le lait, la crème, le sucre vanillé, l'aspartame et l'agar-agar délayé.

À ébullition, baissez le feu et laissez cuire encore 2 minutes, à frémissement, en remuant.

Laissez complètement refroidir.

Remplissez des coupelles individuelles et entreposez au réfrigérateur pendant 2 heures.

Au moment de servir, parsemez de pistaches concassées.

Panna cotta aux noisettes

Préparation : 5 minutes - Cuisson : 10 minutes - Repos : 2 heures
Difficulté : ★ Budget : ★

Pour 4 personnes

- 25 cl de lait de soja
- 2 cuil. à soupe de crème fraîche allégée
- 1 sachet de sucre vanillé
- 30 g d'aspartame
- 2 g d'agar-agar
- 150 g de noisettes entières

Délayez l'agar-agar dans un peu d'eau.

Mélangez avec le lait de soja, la crème fraîche, le sucre vanillé et l'aspartame.

Portez à ébullition.

Baissez le feu et finissez la cuisson à frémissements pendant encore 2 minutes.

Laissez refroidir.

Faites griller les noisettes à sec dans une poêle pendant 5 minutes.

Mixez-les grossièrement au robot.

Remplissez des ramequins avec la panna cotta et entreposez au réfrigérateur pour 2 heures.

Parsemez de noisettes au moment de servir.

Riz au lait à la vanille

Préparation : 5 minutes - Cuisson : 40 minutes - Difficulté : ★ Budget : ★

Pour 4 personnes

- 140 g de riz rond
- ½ l de lait demi-écrémé
- 1 gousse de vanille
- 2 feuilles de gélatine
- 10 g de fructose
- 1 sachet de sucre vanillé

Faites cuire le riz dans le lait avec la gousse de vanille pendant 30 minutes sur feu moyen.

Faites ramollir la gélatine dans un bol d'eau froide.

Ajoutez la gélatine et le fructose au riz.

Terminez la cuisson 5 minutes sur feu doux en remuant.

Remplissez des ramequins avec le riz.

Saupoudrez de sucre vanillé et placez sous le gril pendant 5 minutes.

Servez aussitôt.

Riz au lait à l'orange

Préparation : 5 minutes - Cuisson : 40 minutes - Difficulté : ★ Budget : ★

Pour 4 personnes

- 2 oranges
- 140 g de riz rond
- ½ l de lait demi-écrémé
- 10 cl d'eau de fleurs d'oranger
- 2 feuilles de gélatine
- 10 g de fructose

Pelez les oranges à vifs et conservez les suprêmes.

Réservez le jus.

Faites cuire le riz dans le lait à petit feu pendant 30 minutes.

Faites ramollir la gélatine dans un bol d'eau froide.

Ajoutez la gélatine, le fructose, le jus d'orange et l'eau de fleurs d'oranger dans le riz. Poursuivez la cuisson pendant 5 minutes en remuant.

Présentez le riz au lait dans de petites assiettes, en décorant avec des quartiers d'orange.

Tapioca au lait de soja

Préparation : 10 minutes - Cuisson : 15 minutes - Difficulté : ★ Budget : ★

Pour 4 personnes

- 75 g de tapioca
- ½ l de lait de soja
- 1 gousse de vanille
- 2 œufs
- 20 g de fructose
- 1 sachet de sucre vanillé
- Sel

Fendez la gousse de vanille en deux et grattez les graines.

Mettez le lait de soja à chauffer avec les graines et la gousse de vanille.

À ébullition, versez le tapioca en pluie et laissez cuire 10 minutes, en remuant sans cesse.

Séparer les blancs des jaunes d'œufs.

Hors du feu, ajoutez les jaunes dans le tapioca et remettez sur feu doux pour 2 minutes en remuant.

Battez les blancs en neige ferme avec une pincée de sel.

Ajoutez le fructose aux blancs et incorporez le tout au tapioca légèrement refroidi.

Enlevez la gousse de vanille avant de servir dans des ramequins individuels.

Bœuf en tartare

Préparation : 20 minutes - Difficulté : ★ Budget : ★★

Pour 4 personnes

- 300 g de viande maigre hachée
- 1 cuil. à soupe de cornichons
- 1 cuil. à soupe de câpres
- 1 petit oignon
- 1 cuil. à soupe de coulis de tomates
- 1 cuil. à café de piment doux
- Tabasco
- 1 cuil. à soupe de sauce Worcestershire
- 4 œufs
- Sel et poivre

Hachez grossièrement les câpres, l'oignon et les cornichons.

Dans un grand saladier, mélangez la viande avec les câpres, l'oignon et les cornichons hachés.

Ajoutez le coulis de tomates, le piment et les sauces.

Salez et poivrez généreusement.

Sur des assiettes, remplissez un cercle de tartare puis décerclez.

Cassez les œufs et conservez les jaunes dans des demi-coquilles.

Posez les coquilles sur le tartare et dégustez aussitôt.

Remarque

Adaptez les épices à votre goût, afin que le tartare soit plus ou moins relevé. Vous pouvez troquer le piment doux par du piment de Cayenne par exemple.

Boulettes aux épices et sauce tomate

Préparation : 10 minutes - Repos : 1 heure - Cuisson : 25 minutes
Difficulté : ★ Budget : ★

Pour 4 personnes

- 300 g de viande maigre hachée
- 1 cuil. à café de paprika
- 1 cuil. à café de 4 épices
- 1 cuil. à café de cardamome moulue
- 1 l de coulis de tomates
- 2 œufs
- 1 cuil. à soupe de persil plat haché
- 1 cuil. à soupe d'huile d'olive
- Sel et poivre

Dans un saladier, mélangez la viande et les épices. Salez et poivrez.

Ajoutez les œufs battus en omelette et mélangez à nouveau.

Couvrez et entreposez au frais pendant 1 heure.

Formez des boulettes de viande de la taille d'une grosse noix.

Dans une grande sauteuse, faites les revenir de tous les côtés dans l'huile chaude pendant 5 minutes.

Ajoutez le coulis de tomates et poursuivez la cuisson à découvert sur feu doux pendant 20 minutes.

Parsemez de persil avant de servir.

Brochettes de veau aux poivrons

Préparation : 10 minutes - Marinade : 2 heures - Cuisson : 15 minutes
Difficulté : ★ Budget : ★★

Pour 4 personnes

- 300 g de veau coupé en morceaux
- 1 poivron jaune
- 1 poivron vert
- 1 oignon
- 1 cuil. à soupe d'huile d'olive
- 2 citrons
- Sel et poivre

Émincez l'oignon.

Pressez les citrons.

Mettez le veau dans un plat creux et arrosez avec l'huile d'olive et le jus des deux citrons. Salez et poivrez.

Parsemez avec les oignons émincés.

Couvrez et laissez mariner au réfrigérateur pendant 2 heures.

Coupez les poivrons épépinés en gros carrés.

Réalisez les brochettes en alternant les morceaux de veau et les poivrons.

Faites cuire au barbecue ou dans une poêle antiadhésive pendant 15 minutes.

Remarque

Vous pouvez remplacer le veau, assez onéreux, par une viande meilleur marché, comme la dinde ou le poulet.

Brochettes de poulet à la sauce épicée

Préparation : 10 minutes - Cuisson : 30 minutes - Difficulté : ★ Budget : ★

Pour 4 personnes

- 300 g d'aiguillettes de poulet
- 1 piment vert
- 20 cl de coulis de tomates
- 20 cl de vin blanc
- 3 gousses d'ail
- 1 cuil. à café de 4 épices
- Sel et poivre

Coupez les aiguillettes en deux.

Coupez le piment en 8 morceaux égaux

Confectionnez les brochettes en serrant les aiguillettes entre deux morceaux de piment. Réservez.

Faites chauffer le coulis de tomates avec le vin blanc.

Salez et poivrez.

Ajoutez les gousses d'ail écrasées et le 4 épices.

Laissez réduire 10 minutes sur feu doux.

Placez les brochettes sous le gril chaud du four et faites cuire 10 minutes de chaque côté.

Présentez les brochettes avec la sauce à part.

Gratin de blé aux noisettes

Préparation : 10 minutes - Cuisson : 40 minutes - Difficulté : ★ Budget : ★

Pour 4 personnes

- 250 g de blé précuit
- 4 courgettes
- 200 g de noisettes décortiquées
- 2 oignons
- 1 cuil. à soupe d'huile
- Sel et poivre

Préchauffez le four à 210 °C (th. 7).

Faites cuire le blé dans un grand volume d'eau salée pendant 15 minutes.

Égouttez et réservez.

Coupez les courgettes en petits dés.

Hachez les oignons.

Faites revenir les courgettes et les oignons 10 minutes dans une poêle avec l'huile.

Salez et poivrez.

Dans un saladier, mélangez le blé cuit et les courgettes.

Versez dans un plat creux.

Hachez grossièrement les noisettes au robot.

Parsemez le gratin de noisettes et enfournez pour 10 minutes.

Remarque

Vous pouvez remplacer les noisettes par d'autres oléagineux, comme les noix ou les amandes. Elles sont aussi intéressantes sur le plan nutritionnel.

Gratin de blé aux petits légumes

Préparation : 10 minutes - Cuisson : 40 minutes - Difficulté : ★ Budget : ★

Pour 4 personnes

- 250 g de blé précuit
- 4 courgettes
- 2 tomates
- 2 oignons
- 150 g de petits pois surgelés
- 1 cuil. à soupe d'huile
- 100 g de fromage râpé allégé
- Sel et poivre

Préchauffez le four à 210 °C (th. 7).

Faites cuire le blé dans un grand volume d'eau salée pendant 15 minutes.

Égouttez et réservez.

Coupez les courgettes et les tomates pelées et épépinées en petits dés.

Émincez finement l'oignon.

Faites suer l'oignon dans une casserole avec l'huile.

Ajoutez les courgettes, les petits pois surgelés et les tomates.

Salez et poivrez.

Faites revenir 10 minutes sur feu moyen.

Dans un saladier, mélangez le blé avec les légumes.

Rectifiez l'assaisonnement.

Versez dans un plat à gratin et parsemez de fromage râpé.

Enfournez pour 10 minutes.

Haricots coco et tomates fraîches

Préparation : 15 minutes - Cuisson : 1 h 20 - Difficulté : ★ Budget : ★

Pour 4 personnes

- 250 g haricots coco frais
- 2 oignons
- 4 tomates
- 25 cl de purée de tomates
- 1 bouquet garni
- Sel et poivre

Écossez les haricots.

Dans une marmite, faites revenir les oignons émincés dans l'huile.

Ajoutez les tomates épépinées et coupées en quartiers ainsi que la purée.

Salez et poivrez.

Versez les cocos et faites cuire sur feu moyen pendant 20 minutes.

Allongez avec 25 cl d'eau.

Ajoutez le bouquet garni, salez et poivrez.

Terminez la cuisson pendant 1 heure sur feu doux.

Remarque

Vous trouverez des haricots coco frais à la fin de l'été. Ne les laissez pas passer, la saison dure peu et leur goût est savoureux.

Haricots coco au persil frais

Préparation : 15 minutes - Cuisson : 1 h 30 - Difficulté : ★ Budget : ★

Pour 4 personnes

- 250 g haricots coco frais
- 2 oignons
- 50 cl de bouillon de légumes
- 1 bouquet garni
- 3 cuil. à soupe de persil frais haché
- Sel et poivre

Écossez les haricots.

Faites revenir les oignons émincés dans une grande marmite.

Lorsqu'ils sont translucides, ajoutez les haricots cocos et mélangez.

Mouillez avec le bouillon de légumes.

Salez et poivrez.

Ajoutez le bouquet garni et faites cuire 1 h 30 sur feu doux.

Ajoutez le persil haché et mélangez avant de servir.

Lentilles froides au jambon blanc

Préparation : 15 minutes - Cuisson : 40 minutes - Difficulté : ★ Budget : ★

Pour 4 personnes

- 250 g de lentilles vertes
- 3 tranches de jambon blanc dégraissé
- 2 oignons
- 1 bouquet garni
- 1 cuil. à soupe de Viandox
- 1 cuil. à soupe d'huile
- Sel et poivre

Faites revenir les oignons émincés dans un faitout avec l'huile.

Quand ils sont blonds, ajoutez les lentilles, mélangez et couvrez d'eau froide.

Salez et poivrez.

Laissez cuire 30 minutes à petits bouillons avec le bouquet garni.

Laissez refroidir et retirez le bouquet garni.

Coupez le jambon en fines lanières.

Dans un saladier, mélangez les lentilles avec le jambon.

Arrosez de Viandox et servez.

Remarque

À la place du Viandox, vous pouvez mettre de la sauce Worcestershire ou, tout simplement, du vinaigre balsamique.

Lentilles froides aux oignons rouges

Préparation : 15 minutes - Cuisson : 30 minutes - Difficulté : ★ Budget : ★

Pour 4 personnes

- 250 g de lentilles vertes
- 4 oignons rouges
- 2 tomates
- 1 bouquet garni
- 1 cuil. à soupe d'huile
- 2 cuil. à soupe de vinaigre de cidre
- Sel et poivre

Faites cuire les lentilles rincées dans deux fois leur volume d'eau salée avec le bouquet garni pendant 30 minutes.

Égouttez et réservez.

Émincez très finement les oignons rouges.

Épépinez les tomates et coupez-les en petits dés réguliers.

Dans un saladier, mélangez les lentilles avec les oignons et les tomates.

Assaisonnez avec l'huile et le vinaigre de cidre, salez et poivrez.

Lingots en cocotte

Préparation : 15 minutes - Trempage : 24 heures - Cuisson : 60 minutes
Difficulté : ★ Budget : ★

Pour 4 personnes

- 250 g de lingots secs
- 2 oignons
- 4 tomates
- 4 gousses d'ail
- 1 cube de bouillon aux légumes
- 1 cuil. à soupe d'huile
- Sel et poivre

Préchauffez le four à 210 °C (th. 7).

Faites tremper les lingots 24 heures dans l'eau froide, puis égouttez-les.

Faites revenir l'oignon émincé dans une grande cocotte en fonte avec l'huile.

Ajoutez les tomates coupées en quartiers et les lingots.

Couvrez largement d'eau.

Mettez le cube de bouillon et les gousses d'ail en chemise.

Fermez le couvercle et enfournez pour 1 heure. Vérifiez s'il y a assez de liquide en cours de cuisson et ajoutez de l'eau si nécessaire.

Remarque

Vous pouvez agrémenter la cocotte avec de la viande, afin d'augmenter les apports en protéines. Faites-la saisir dans un peu d'huile avant de la mettre à cuire avec les lingots.

Lingots en salade et œufs pochés

Préparation : 20 minutes - Trempage : 24 heures - Cuisson : 50 minutes
Difficulté : ★ Budget : ★

Pour 4 personnes

- 250 g de lingots secs
- 2 oignons
- 4 œufs
- 1 cuil. à soupe d'huile de noix
- 1 cuil. à soupe de vinaigre de vin
- Sel et poivre

Laissez tremper les haricots 24 heures dans de l'eau froide, puis égouttez-les.

Faites cuire les lingots dans un grand volume d'eau salé pendant 50 minutes.

Égouttez et laissez refroidir.

Portez à ébullition de l'eau vinaigrée dans une casserole. Baissez le feu et maintenez à frémissement.

Cassez les œufs un par un dans une petite tasse et plongez-les doucement dans l'eau.

Quand le blanc est cuit, sortez-les délicatement et égouttez-les sur un papier absorbant.

Émincez très finement les oignons.

Dans un saladier, mélangez les lingots avec les oignons.

Salez, poivrez et assaisonnez avec l'huile d'olive et le vinaigre de vin.

Présentez les lingots dans de petites assiettes avec l'œuf poché posé dessus.

Omelette aux herbes

Préparation : 5 minutes - Cuisson : 10 minutes - Difficulté : ★ Budget : ★

Pour 4 personnes

- 8 œufs + 2 blancs
- 20 cl de crème liquide légère
- 1 cuil. à soupe d'huile
- 3 cuil. à soupe de fines herbes séchées
- Sel et poivre

Battez ensemble les œufs entiers et les blancs.

Salez et poivrez.

Ajoutez les herbes et la crème liquide.

Battez au fouet.

Laissez reposer 15 minutes.

Faites cuire l'omelette dans une poêle antiadhésive avec l'huile.

Roulez-la et servez.

Remarque

Si vous en avez, utilisez des herbes fraîches, dont vous pourrez marier les variétés. Il est alors inutile de laisser reposer l'omelette avant de la cuire.

Omelette aux champignons

Préparation : 10 minutes - Cuisson : 20 minutes - Difficulté : ★ Budget : ★

Pour 4 personnes

- 8 œufs + 2 blancs
- 20 cl de crème liquide légère
- 1 barquette de champignons de Paris
- 4 échalotes
- 2 cuil. à soupe d'huile
- Sel et poivre

Faites revenir les champignons de Paris coupés en petits morceaux avec l'échalote hachée, pendant 10 minutes, dans 1 cuil. à soupe d'huile.

Réservez.

Battez les œufs entiers et les blancs ensemble.

Ajoutez la crème liquide.

Salez et poivrez.

Versez les œufs battus dans une poêle chaude avec l'huile et laissez cuire 5 minutes.

Quand l'omelette est bien prise sur les côtés, versez les champignons au milieu.

Roulez et servez aussitôt.

Omelette aux patates douces

Préparation : 10 minutes - Cuisson : 20 minutes
Difficulté : ★ Budget : ★

Pour 4 personnes

- 8 œufs + 2 blancs
- 2 patates douces
- 20 cl de crème liquide légère
- 1 cuil. à café de muscade moulue
- 2 cuil. à soupe d'huile
- Sel et poivre

Coupez les patates douces en fines tranches. Essuyez-les et réservez.

Battez les œufs entiers et les blancs avec la crème liquide.

Salez, poivrez et ajoutez la muscade.

Dans une grande poêle, faites revenir dans l'huile les patates douces sur les deux faces.

Quand elles commencent à colorer, versez les œufs et poursuivez la cuisson pendant 10 minutes.

Faites glisser l'omelette dans une assiette et retournez-la pour la faire cuire de l'autre côté.

Remarque

Coupées à la mandoline, les patates seront plus fines et cuiront plus vite. Attention néanmoins à ne pas les casser en les retournant.

Omelette au jambon

Préparation : 5 minutes - Cuisson : 5 à 10 minutes - Difficulté : ★ Budget : ★

Pour 4 personnes

- 8 œufs + 2 blancs
- 1 tranche de jambon épaisse
- 1 cuil. à soupe de persil plat haché
- 1 cuil. à café de cumin
- 20 cl de lait de soja
- 1 cuil. à soupe d'huile
- Sel et poivre

Coupez le jambon en dés.

Battez les œufs entiers avec les blancs et le lait de soja.

Ajoutez le persil et le cumin et battez à nouveau.

Ajoutez les dés de jambon.

Faites chauffer l'huile dans une poêle antiadhésive et versez la préparation.

Laissez cuire doucement pendant 5 à 10 minutes selon que vous la préférez baveuse ou pas.

Roulez-la et dégustez aussitôt.

Remarque

Achetez le jambon à la coupe pour avoir l'épaisseur désirée.
Il faut que les dés de jambon ressemblent à des lardons.

Polenta aux champignons de Paris

Préparation : 10 minutes - Cuisson : 40 minutes - Difficulté : ★ Budget : ★

Pour 4 personnes

- 250 g de polenta
- 1 barquette de champignons de Paris
- 4 échalotes
- 50 cl de lait demi-écrémé
- 50 cl de bouillon de légumes
- 1 cuil. à soupe d'huile
- Sel et poivre

Coupez les champignons de Paris en morceaux.

Faites-les revenir avec les échalotes pendant 10 minutes. Réservez.

Portez à ébullition le mélange lait et bouillon.

Aux premiers bouillons, jetez la polenta doucement et en pluie et remuez pour éviter les grumeaux.

Laissez cuire sur feu moyen pendant une demi-heure, en remuant régulièrement.

Ajoutez les champignons et mélangez.

Remarque

Ce plat se prépare au dernier moment et doit être dégusté aussitôt, car la polenta a tendance à durcir en refroidissant.

Poulet grillé en sucré-salé

Préparation : 10 minutes - Marinade : 2 heures - Cuisson : 10 minutes
Difficulté : ★ Budget : ★

Pour 4 personnes

- 4 escalopes de poulet
- 2 citrons verts
- 4 échalotes
- 2 gousses d'ail
- 1 cuil. à café de cannelle moulue
- 1 cuil. à café de cassonade
- 1 cuil. à soupe d'huile
- Sel et poivre

Dans un plat creux, mettez à mariner le poulet avec le jus des citrons, l'ail et les échalotes émincés, la cannelle et la cassonade. Salez et poivrez.

Entreposez au réfrigérateur pendant au moins 2 heures, en retournant les escalopes pour que les parfums s'imprègnent bien.

Sortez les escalopes de la marinade et faites-les cuire dans la poêle avec 1 cuil. à soupe d'huile pour qu'elles soient bien dorées de chaque côté.

Poulet à la thaïlandaise

Préparation : 10 minutes - Cuisson : 20 minutes - Difficulté : ★ Budget : ★

Pour 4 personnes

- 4 escalopes de poulet
- 10 cl de lait de soja
- 15 cl de lait de coco
- 1 cuil. à café de gingembre moulu
- 1 cuil. à café de purée de piments
- 1 cuil. à soupe d'huile de tournesol
- 1 bouquet de coriandre
- Sel et poivre

Coupez le poulet en lanières.

Faites chauffer l'huile dans le wok et faites revenir le poulet préalablement salé et poivré pendant 5 à 10 minutes.

Versez le lait de soja et le lait de coco.

Délayez la purée de piment dans une louche de lait et ajoutez-le à la préparation avec le gingembre.

Laissez réduire pendant 10 minutes.

Effeuillez la coriandre et ajoutez-la 5 minutes avant la fin de cuisson.

Soupe parfumée au tofu

Préparation : 10 minutes - Cuisson : 20 minutes - Difficulté : ★ Budget : ★

Pour 4 personnes

- 1 l de bouillon de légumes
- 200 g de tofu
- 2 blancs de poireaux
- 1 cuil. à soupe de sauce soja
- 1 cuil. à soupe de sauce huître
- 1 jaune d'œuf
- Sel et poivre

Portez à ébullition le bouillon de légumes.

Émincez les blancs de poireaux et plongez-les dans le bouillon.

Laissez cuire à petits bouillons pendant 15 minutes.

Débitez le tofu en cubes et mettez-le dans la soupe.

Dans un petit bol, battez le jaune d'œuf avec la sauce soja et la sauce huître. Délayez avec une louche de bouillon et ajoutez à la soupe.

Poivrez.

Remarque

Les amateurs pourront mettre une touche de piquant à cette soupe en ajoutant 2 pincées de piment fort moulu.

Aspic de truite fumée

Préparation : 10 minutes - Cuisson : 10 minutes - Repos : 4 heures
Difficulté : ★ Budget : ★

Pour 4 personnes

- 1 sachet de gelée au madère
- 2 œufs
- 150 g de truite fumée
- Poivre

Faites durcir les œufs 10 minutes, dans l'eau bouillante.

Écalez-les et réservez.

Mélangez la gelée dans 1 l d'eau froide.

Portez à ébullition en remuant.

Aux premiers bouillons, éteignez le feu. Poivrez.

Coupez la truite en fines lanières.

Garnissez 4 petits ramequins avec un demi-œuf et des lanières de truite fumée.

Couvrez avec la gelée et entreposez au réfrigérateur pour minimum 4 heures.

Démoulez avant de servir..

Remarque

Toute légère, la gelée est une véritable alliée minceur, car elle permet toutes les combinaisons gourmandes pour très peu de calories.

Aspic de petits légumes

Préparation : 10 minutes - Cuisson : 30 minutes - Repos : 4 heures
Difficulté : ★ Budget : ★

Pour 4 personnes

- 1 sachet de gelée au madère
- 2 œufs
- 200 g de macédoine de légumes surgelée
- Poivre

Faites cuire la macédoine 10 minutes dans l'eau bouillante salée.

Égouttez et réservez.

Faites durcir les œufs 10 minutes dans l'eau bouillante.

Écalez-les, coupez-les en deux et réservez.

Mélangez la gelée dans 1 l d'eau froide.

Portez à ébullition en remuant.

Aux premiers bouillons, éteignez le feu. Poivrez.

Garnissez 4 verrines avec un demi-œuf.

Répartissez la macédoine.

Couvrez avec la gelée refroidie.

Entreposez au réfrigérateur pendant au moins 4 heures.

Crevettes à la citronnelle

Préparation : 5 minutes - Cuisson : 10 minutes - Marinade : 2 heures
Difficulté : ★ Budget : ★★

Pour 4 personnes

- 400 g de crevettes crues
- 25 cl de lait de soja
- 2 citrons verts
- 1 bâton de citronnelle
- 1 petit piment vert
- 1 cuil. à café de massalé
- 1 cuil. à soupe d'huile
- Sel et poivre

Mettez les crevettes nettoyées dans un plat creux, avec le lait de soja, le jus des citrons vert, la citronnelle, le piment, le massalé, le sel et le poivre.

Couvrez avec un film transparent et entreposez au frais pendant 2 heures.

Égouttez les crevettes.

Faites les revenir 10 minutes dans la poêle bien chaude avec l'huile, en remuant sans arrêt.

Servez bien chaud.

Petit bol tomates-vermicelles

Préparation : 10 minutes - Cuisson : 40 minutes - Difficulté : ★ Budget : ★

Pour 4 personnes

- 1 l de bouillon de légumes
- 4 tomates
- 100 g de vermicelle
- 1 cuil. à soupe de persil plat haché
- Sel et poivre

Mettez à chauffer le bouillon avec les tomates, épépinées et coupées en petits morceaux, pendant 20 minutes, sur feu moyen.

Jetez les vermicelles en pluie et remuez pendant 5 minutes. Poursuivez la cuisson pendant 15 minutes.

Ajoutez le persil en toute fin de cuisson.

Présentez dans de petits bols individuels.

Remarque

Rassasiant et diurétique, le bouillon est idéal lors d'un régime. Ici, il permet de faire le plein de vitamines avec les tomates et cale suffisamment grâce aux vermicelles.

Salade d'été

Préparation : 15 minutes - Difficulté : ★ Budget : ★

Pour 4 personnes

- 1 batavia
- 4 tomates en grappe
- 1 botte de radis
- ½ melon
- 1 citron
- 1 cuil. à soupe d'huile d'olive
- 1 cuil. à soupe de vinaigre balsamique
- Sel et poivre

Parez la batavia.

Pelez les tomates, puis coupez-les en dés.

Coupez les radis et épluchez-les en rondelles.

Débitez le melon en gros cubes.

Émulsionnez le jus du citron avec l'huile et le vinaigre. Salez et poivrez.

Présentez la salade sur les assiettes, en commençant par un lit généreux de batavia, puis en disposant joliment les radis, les tomates et le melon.

Arrosez d'un trait de vinaigrette.

Salade d'automne

Préparation : 15 minutes - Cuisson : 10 minutes - Difficulté : ★ Budget : ★★

Pour 4 personnes

- 1 sachet de roquette
- 2 œufs
- 200 g de champignons des bois (cèpes, bolets, girolles...)
- 100 g de noix
- 2 cuil. à soupe de vinaigre de cidre
- 1 cuil. à soupe d'huile de noix
- 1 cuil. à soupe d'huile d'olive
- 1 cuil. à soupe de persil haché
- 2 gousses d'ail
- Sel et poivre

Faites durcir les œufs 10 minutes dans l'eau bouillante salée.

Écalez-les et réservez.

Émulsionnez l'huile de noix avec le vinaigre de cidre, le sel et le poivre. Allongez avec 2 cuil. à soupe d'eau.

Faites revenir les champignons coupés en morceaux dans 1 cuil. à soupe d'huile d'olive, avec le persil haché et l'ail écrasé. Laissez colorer doucement 10 minutes environ.

Présentez la salade sur les assiettes, en disposant un lit de roquette et les œufs coupés en quartiers. Ajoutez les champignons chauds au dernier moment.

Décorez avec quelques cerneaux de noix et arrosez de vinaigrette.

Remarque

Si votre budget le permet, préférez les champignons des bois, qui sont très appréciés pour leur parfum, mais les champignons de Paris conviennent également.

Salade d'hiver

Préparation : 15 minutes - Cuisson : 5 minutes - Difficulté : ★ Budget : ★

Pour 4 personnes

- 1 sachet de mâche
- ¼ de chou blanc
- 3 carottes
- 2 pommes
- 2 tranches de pain de campagne
- 2 gousses d'ail
- 2 cuil. à soupe de vinaigre de cidre
- 1 cuil. à soupe d'huile d'olive
- 1 cuil. à café de moutarde forte
- Sel et poivre

Râpez finement le chou et les carottes, puis mélangez-les.

Découpez la pomme pelée et épépinée en petits dés.

Émulsionnez l'huile, le vinaigre, la moutarde, le sel et le poivre. Allongez avec 2 cuil. à soupe d'eau.

Frottez les tranches de pain avec les gousses d'ail.

Placez-les sous le gril pendant 5 minutes, puis coupez-les en mouillettes.

Présentez la salade sur les assiettes, en disposant la mâche, le râpé de chou et de carottes, et les dés de pommes.

Arrosez d'un trait de vinaigrette.

Servez avec les mouillettes aillées encore chaudes.

Salade vosgienne minceur

Préparation : 15 minutes - Difficulté : ★ Budget : ★

Pour 4 personnes

- 1 batavia
- 2 tranches de jambon épaisses
- 2 tranches de pain de campagne
- 20 cl de crème fraîche allégée
- 1 cuil. à café de moutarde
- 1 cuil. à soupe de vinaigre balsamique
- Sel et poivre

Parez la salade.

Coupez le jambon en gros dés.

Passez le pain au grille-pain et coupez-le en cubes de la taille du jambon.

Battez au fouet la crème fraîche avec la moutarde et le vinaigre balsamique.

Dans un grand saladier, mélangez la salade avec le jambon et les croûtons.

Ajoutez la sauce à la crème et servez aussitôt.

Remarque

Pour transformer cette salade en dîner léger, augmentez les portions et ajoutez 1 ou 2 œufs durs.

Salade italienne

Préparation : 10 minutes - Repos : 30 minutes - Difficulté : ★ Budget : ★

Pour 4 personnes

- 1 sachet de roquette
- 200 g de cœurs d'artichauts
- 1 barquette de tomates cerise
- 1 bouquet de basilic
- 1 cuil. à soupe d'huile d'olive
- 1 cuil. à soupe de vinaigre
- Sel et poivre

Coupez les artichauts en quatre.

Coupez les tomates en deux.

Lavez et effeuillez le basilic.

Émulsionnez le vinaigre avec l'huile, le sel et le poivre. Allongez avec 2 cuil. à soupe d'eau.

Dans un saladier, mélangez la roquette avec les tomates, le basilic et les artichauts.

Laissez reposer 30 minutes avant de servir afin que le basilic exhale ses parfums.

Remarque

Pensez aux gressins pour accompagner cette salade. Ces petits pains italiens, croustillants à souhait, se trouvent très facilement dans les supermarchés et les épiceries fines ou chez les traiteurs italiens.

Soupe d'automne

Préparation : 15 minutes - Cuisson : 40 minutes - Difficulté : ★ Budget : ★

Pour 4 personnes

- 4 pommes de terre moyennes
- 150 g de côtes de blettes
- ¼ de potiron
- 1 cube de bouillon de légumes
- Sel et poivre

Coupez tous les légumes en petits dés.

Mettez-les dans une casserole et couvrez d'eau.

Salez, poivrez et plongez le cube de bouillon.

Laissez cuire 40 minutes à petits bouillons.

Mixez au blender ou au mixeur plongeant.

Rectifiez l'assaisonnement et allongez avec un peu d'eau, si la consistance n'est pas assez fluide.

Soupe d'hiver

Préparation : 15 minutes - Cuisson : 40 minutes - Difficulté : ★ Budget : ★

Pour 4 personnes

- 4 pommes de terre moyennes
- 2 blancs de poireaux
- 2 carottes
- ¼ de chou vert
- 1 oignon
- 1 cube de bouillon de légumes
- Sel et poivre

Coupez les légumes en petits morceaux réguliers.

Émincez le chou et l'oignon.

Posez les légumes dans une marmite et couvrez d'eau froide.

Ajoutez le cube de bouillon, salez et poivrez.

Laissez cuire pendant 40 minutes à petits bouillons.

Mixez au blender ou au mixeur plongeant.

Soupe d'été

Préparation : 10 minutes - Repos : 2 heures - Difficulté : ★ Budget : ★

Pour 4 personnes

- ½ concombre
- 2 courgettes
- ½ melon
- Feuilles de basilic
- 1 cuil. à soupe d'huile d'olive
- 200 g de fromage blanc à 0 % de MG
- Sel et poivre

Réservez quelques feuilles de basilic pour la décoration.

Mixez longuement tous les ingrédients ensemble dans un blender ou au robot.

S'il reste des petits morceaux, passez la soupe au chinois ou à la passoire à trous fins.

Entreposez la soupe au frais pendant 2 heures avant de la servir dans de petits bols ou de petites verrines. Décorez avec les feuilles de basilic réservées.

Remarque

Si vous réalisez la soupe au dernier moment, ajoutez quelques glaçons dans le blender. Elle sera fraîche immédiatement.

Soupe chinoise aux vermicelles

Préparation : 10 minutes - Cuisson : 30 minutes - Difficulté : ★ Budget : ★★

Pour 4 personnes

- 1 l de bouillon de volaille
- 150 g de champignons noirs
- 150 g de vermicelles chinois
- 1 cuil. à soupe de sauce soja
- 1 petit morceau de gingembre frais
- 1 cuil. à soupe de ciboulette hachée
- Sel et poivre

Faites gonfler les champignons noirs dans de l'eau froide.

Ôtez les pieds et émincez-les.

Portez à ébullition le bouillon de volaille.

Jetez-y les vermicelles et remuez pour qu'ils se détachent bien, puis ajoutez les champignons.

Laissez cuire à petits bouillons pendant 20 minutes.

Environ 5 minutes avant la fin de cuisson, ajoutez la sauce soja et la ciboulette.

Râpez le petit morceau de gingembre au-dessus du bouillon.

Donnez un tour de moulin à poivre, salez et servez aussitôt.

Soupe chinoise aux légumes

Préparation : 15 minutes - Cuisson : 30 minutes
Difficulté : ★ Budget : ★★

Pour 4 personnes

- 1 l de bouillon de volaille
- 150 g de champignons noirs
- 2 blancs de poireaux
- 2 carottes
- 1 oignon
- 1 cuil. à soupe de sauce soja
- 1 petit morceau de gingembre frais
- 1 cuil. à soupe de ciboulette hachée
- Sel et poivre

Faites gonfler les champignons noirs dans de l'eau froide.

Ôtez les pieds et émincez-les.

Émincez finement les poireaux et l'oignon. Réservez.

Râpez les carottes au robot. Réservez.

Faites chauffer le bouillon de volaille avec les carottes râpées.

À ébullition, baissez le feu et ajoutez les poireaux, l'oignon et les champignons émincés.

Laissez cuire à petits bouillons pendant 20 minutes.

Environ 5 minutes avant la fin de cuisson, ajoutez la sauce soja et la ciboulette.

Râpez le petit morceau de gingembre au-dessus du bouillon.

Donnez un tour de moulin à poivre et salez.

Remarque

Si vous ne trouvez pas de gingembre frais, remplacez-le par 1 cuil. à café de gingembre moulu.

Soupe chinoise au poulet

Préparation : 10 minutes - Cuisson : 30 minutes - Difficulté : ★ Budget : ★★

Pour 4 personnes

- 1 l de bouillon de volaille
- 2 escalopes de poulet
- 150 g de vermicelles chinois
- 70 g de maïs
- 1 cuil. à soupe de sauce soja
- 1 cuil. à café de gingembre moulu
- 1 cuil. à café de graines de coriandre
- Mélange 5 parfums
- Sel et poivre

Aplatissez les escalopes de poulet au rouleau à pâtisserie, puis coupez-les en fines lanières.

Portez à ébullition le bouillon de volaille.

Baissez le feu et plongez-y le poulet et les vermicelles.

Mélangez bien et laissez cuire 20 minutes à petits bouillons.

Environ 10 minutes avant la fin de cuisson, ajoutez le maïs égoutté.

Environ 5 minutes avant la fin de la cuisson, saupoudrez avec le gingembre et une pincée de mélange 5 parfums.

Salez et poivrez, puis ajoutez les graines de coriandre.

Mélangez et servez bien chaud.

Remarque

Vous trouverez le mélange 5 parfums, caractéristique de la cuisine asiatique, dans les épiceries spécialisées ou dans certaines grandes surfaces. Vous pouvez l'utiliser régulièrement pour parfumer soupes et viandes.

Taboulé aux crevettes

Préparation : 20 minutes - Repos : 1 heure - Difficulté : ★ Budget : ★★

Pour 4 personnes

- 100 g de semoule fine
- 150 g de petites crevettes cuites et décortiquées
- ¼ de concombre
- 4 tomates
- 2 citrons
- 1 bouquet de persil plat
- 1 cuil. à soupe d'huile d'olive
- Sel et poivre

Faites gonfler la semoule 10 minutes à couvert avec de l'eau chaude, puis égrainez à la fourchette.

Coupez le concombre et les tomates épépinées en petits dés.

Émincez le persil.

Pressez les citrons.

Émulsionnez le jus des citrons avec l'huile d'olive. Salez et poivrez.

Dans un grand saladier, mélangez intimement la semoule, les crevettes, les dés de concombre et de tomates et le persil.

Arrosez avec la vinaigrette et laissez reposer au frais 1 heure avant de déguster.

Remarque

La semoule fine n'a pas besoin d'être cuite. La recouvrir d'eau chaude, puis la laisser reposer 10 minutes dans un récipient fermé suffit pour qu'elle soit prête.

Taboulé à la menthe

Préparation : 30 minutes - Repos : 1 heure - Difficulté : ★ Budget : ★

Pour 4 personnes

- 100 g de semoule fine
- ¼ de concombre
- 4 tomates
- 2 citrons
- 1 bouquet de persil plat
- 1 bouquet de menthe
- 1 cuil. à soupe d'huile d'olive
- Sel et poivre

Dans un plat creux, recouvrez la semoule d'eau chaude. Posez un couvercle et laisser gonfler 10 minutes.

Coupez les concombres et les tomates épépinées en petits dés.

Effeuillez la menthe.

Réservez quelques feuilles et émincez finement les autres avec le persil.

Pressez les citrons.

Fouettez le jus des citrons avec l'huile d'olive, le sel et le poivre.

Mélangez intimement tous les ingrédients dans un grand saladier avec la vinaigrette.

Décorez avec les feuilles de menthe.

Laissez reposer au réfrigérateur 1 heure avant de déguster bien frais.

Tarte à la tomate

Préparation : 10 minutes - Cuisson : 30 minutes - Difficulté : ★ Budget : ★

Pour 4 personnes

- 1 rouleau de pâte brisée
- 4 cuil. à soupe de moutarde
- 4 tomates
- 1 cuil. à soupe d'origan séché
- Sel et poivre

Préchauffez le four à 180 °C (th. 6).

Étalez la pâte.

Couvrez de moutarde.

Coupez les tomates en rondelles et disposez-les sur la pâte en formant une rosace.

Salez et poivrez.

Parsemez d'origan séché.

Enfournez pour 30 minutes.

Remarque

Ne réalisez pas cette recette dans un moule mais sur une plaque à pâtisserie, afin que la pâte soit entièrement couverte par les tomates.

Tarte à la courgette

Préparation : 15 minutes - Cuisson : 40 minutes - Difficulté : ★ Budget : ★

Pour 4 personnes

- 1 rouleau de pâte brisée
- 4 cuil. à soupe de moutarde
- 2 courgettes
- 1 bouquet de basilic
- Sel et poivre

Préchauffez le four à 180 °C (th. 6).

Étalez la pâte brisée sur une plaque à pâtisserie couverte d'une feuille de papier sulfurisé.

Couvrez de moutarde.

Coupez les courgettes en rondelles assez minces.

Effeuillez le basilic lavé.

Garnissez la pâte en alternant une rondelle de courgette et une feuille de basilic.

Enfournez pour 40 minutes.

Terrine de poisson pimentée

Préparation : 15 minutes - Cuisson : 40 minutes - Difficulté : ★ Budget : ★★

Pour 4 personnes

- 300 g de filets de poisson (limande, lieu, colin…)
- 1 œuf
- 25 cl de crème liquide allégée
- 1 cuil. à café de piment fort
- Sel et poivre

Préchauffez le four à 210 °C (th. 7).

Dans le bol du robot, mixez les filets de poisson avec l'œuf et la crème allégée.

Ajoutez le piment.

Salez et poivrez généreusement.

Versez la préparation dans un moule à cake en silicone.

Faites cuire 40 minutes dans le four au bain-marie.

Remarque

Pour cuire simplement au bain-marie, sans plat supplémentaire, posez le moule dans la lèchefrite et remplissez-la d'eau. Comme ce n'est pas très profond, vérifiez le niveau d'eau en cours de cuisson et remettez-en si nécessaire.

Terrine de légumes

Préparation : 15 minutes - Cuisson : 1 heure - Difficulté : ★ Budget : ★

Pour 4 personnes

- 1 bouquet de brocoli
- ½ chou-fleur
- 2 carottes
- 100 g de haricots verts
- 1 œuf
- 25 cl de crème liquide allégée
- 1 bouquet de fines herbes
- Sel et poivre

Détaillez le brocoli en petits bouquets.

Coupez les autres légumes en morceaux.

Mettez-les dans une grande casserole, couvrez d'eau et laissez cuire pendant 15 minutes après ébullition.

Réservez quelques bouquets de brocoli.

Ciselez les fines herbes

Mixez les légumes avec 1 cuil. à soupe du jus de cuisson, l'œuf et la crème allégée.

Salez et poivrez.

Ajoutez les fines herbes.

Verser la moitié de la préparation dans un moule à cake en silicone.

Posez les bouquets de brocoli et versez le reste de l'appareil.

Faites cuire 40 minutes dans le four au bain-marie.

Velouté de chou-fleur à la muscade

Préparation : 15 minutes - Cuisson : 30 minutes - Difficulté : ★ Budget : ★

Pour 4 personnes

- 1 chou-fleur
- 2 pommes de terre
- 1 cube de bouillon de légumes
- 15 cl de crème liquide allégée
- 1 cuil. à café de muscade moulue
- Sel et poivre

Détaillez le chou-fleur en bouquets.

Coupez les pommes de terre épluchées en morceaux réguliers.

Faites chauffer 1,5 l d'eau dans une grande marmite avec le cube de bouillon.

À ébullition, plongez-y les légumes.

Salez et poivrez, ajoutez la muscade et laissez cuire pendant 30 minutes.

Mixez avec le bras à soupe ou passez au blender.

Ajoutez la crème liquide et servez aussitôt.

Velouté de haricots verts

Préparation : 15 minutes - Cuisson : 30 minutes - Difficulté : ★ Budget : ★

Pour 4 personnes

- 600 g de haricots verts équeutés
- 2 courgettes
- 1 cube de bouillon de volaille
- 25 cl de lait demi-écrémé
- 1 cuil. à café de curry
- Sel et poivre

Placez les haricots verts et les courgettes coupés en morceaux dans un faitout.

Couvrez d'eau et faites cuire 30 minutes avec le bouillon de volaille.

Mixez le tout au blender ou avec le bras à soupe.

Ajoutez le lait et le curry.

Salez et poivrez généreusement.

Remarque

Vous pouvez réaliser cette recette avec des haricots verts surgelés et remplacer les courgettes par des brocolis ou du chou.

Velouté de potiron

Préparation : 15 minutes - Cuisson : 30 minutes - Difficulté : ★ Budget : ★

Pour 4 personnes

- ½ potiron
- 2 pommes de terre
- 1 cube de bouillon de volaille
- 25 cl de lait demi-écrémé
- 1 cuil. à café de curry
- Sel et poivre

Épluchez le potiron, puis découpez-le en cubes.

Épluchez les pommes de terre, puis coupez-les en petits dés.

Faites chauffer 1 l d'eau et le bouillon de volaille dans une marmite.

À ébullition, ajoutez les pommes de terre et le potiron.

Laissez cuire à petits bouillons pendant 30 minutes.

Mixez l'ensemble avec le lait et le curry.

Salez et poivrez.

Dégustez bien chaud.

Aiguillettes de poulet aux noisettes

Préparation : 15 minutes - Cuisson : 20 minutes - Difficulté : ★ Budget : ★

Pour 4 personnes

- 300 g d'aiguillettes de poulet
- 1 bouquet de persil plat
- 150 g de noisettes
- 1 œuf
- 1 citron
- 1 cuil. à soupe d'huile d'olive
- Sel et poivre

Décortiquez les noisettes, puis mixez-les au robot avec le persil.

Placez le mélange dans une assiette creuse.

Battez l'œuf et mettez-le dans une assiette creuse.

Salez et poivrez les aiguillettes de poulet.

Passez les aiguillettes dans l'œuf puis dans les noisettes, en appuyant légèrement afin que cela tienne.

Faites chauffer l'huile dans une grande poêle et saisissez les aiguillettes 5 minutes de chaque côté.

Servez avec le citron coupé en quartiers.

Brandade de morue allégée

Préparation : 20 minutes - Cuisson : 40 minutes - Difficulté : ★ Budget : ★★

Pour 4 personnes

- 300 g de morue fraîche
- 500 g de pommes de terre
- 1 tête d'ail
- 25 cl de lait écrémé
- 1 cuil. à soupe d'huile d'olive
- Sel et poivre

Effeuillez la morue crue et enlevez les arêtes restantes.

Épluchez et écrasez l'ail.

Faites cuire les pommes de terre épluchées et coupées en morceaux dans de l'eau salée pendant 20 minutes.

Préchauffez le four à 210 °C (th. 7).

Passez les pommes de terre au presse-purée et allongez avec le lait. Salez et poivrez.

Faites revenir la morue dans l'huile d'olive avec l'ail écrasé pendant 5 minutes.

Mélangez délicatement la morue avec la purée et versez dans un plat à gratin.

Enfournez pour 10 minutes.

Remarque

Si vous optez pour de la morue salée, faites-la dessaler 26 à 48 heures avant dans de l'eau, en changeant régulièrement les bains.

Cailles au raisin

Préparation : 5 minutes - Cuisson : 30 minutes - Difficulté : ★ Budget : ★★

Pour 4 personnes

- 4 cailles
- 1 grappe de raisin
- 2 oignons
- 25 cl de vin blanc
- Sel et poivre

Préchauffez le four à 210 °C (th. 7).

Égrainez le raisin.

Émincez l'oignon.

Salez et poivrez les cailles à cru.

Déposez-les dans une grande cocotte et arrosez avec le vin blanc.

Ajoutez les grains de raisin et l'oignon.

Fermez la cocotte et enfournez pour 30 minutes.

Cailles rôties et pommes au four

Préparation : 10 minutes - Cuisson : 30 minutes - Difficulté : ★ Budget : ★★

Pour 4 personnes

- 4 cailles
- 4 pommes
- 4 cuil. à soupe de miel liquide
- 1 cuil. à soupe d'huile
- Sel et poivre

Épluchez les pommes et enlevez les trognons à l'aide d'un vide-pomme.

Posez les cailles dans un plat à gratin.

Salez, poivrez et badigeonnez-les de miel.

Arrosez avec l'huile d'olive.

Enfournez et laissez cuire 30 minutes, en arrosant régulièrement avec un peu d'eau.

Remarque

Si vous n'avez pas de vide-pomme, coupez les pommes en quartiers.

Chou rouge au cidre

Préparation : 15 minutes - Cuisson : 30 minutes - Difficulté : ★ Budget : ★

Pour 4 personnes

- ½ chou rouge
- 200 g de raisins blonds
- 75 cl de cidre brut
- 1 cuil. à café de cumin
- 1 cuil. à soupe d'huile d'olive
- Sel et poivre

Émincez finement le chou.

Faites-le revenir dans une sauteuse à large bord avec l'huile d'olive.

Saupoudrez de cumin, salez et poivrez.

Mouillez avec le cidre.

Ajoutez les raisins et laissez cuire à frémissement pendant 25 minutes.

Dégustez aussitôt.

Courgettes rondes farcies au poulet

Préparation : 15 minutes - Cuisson : 40 minutes - Difficulté : ★★ Budget : ★

Pour 4 personnes

- 2 escalopes de poulet
- 4 courgettes rondes
- 1 œuf
- 2 oignons
- 1 cuil. à café de paprika
- 100 g d'amandes effilées
- 1 cuil à soupe d'huile d'olive
- Sel et poivre

Préchauffez le four à 210 °C (th. 7).

Évidez les courgettes.

Dans le bol du robot, placez le poulet, la moitié de la chair des courgettes, l'œuf, les oignons et l'huile d'olive et mixez par à-coups, jusqu'à l'obtention d'un mélange assez fin.

Assaisonnez avec le paprika, le sel et le poivre.

Ajoutez les amandes.

Remplissez les courgettes et placez-les dans un plat à gratin avec 1 verre d'eau dans le fond.

Laissez cuire 40 minutes : 20 minutes à couvert, avec une feuille de papier aluminium, et 20 minutes à découvert.

Crevettes au lait de coco

Préparation : 10 minutes - Cuisson : 30 minutes - Difficulté : ★ Budget : ★★

Pour 4 personnes

- 400 g de crevettes crues moyennes
- 1 poivron rouge
- 20 cl de lait de coco
- 50 cl de bouillon de légumes
- 1 bouquet de coriandre
- 1 cuil. à café de mélange 5 parfums
- 1 cuil. à café de gingembre moulu
- 1 cuil. à café de coriandre moulue
- 1 cuil. à café de purée de piment
- 1 cuil. à soupe d'huile

Coupez le poivron épépiné en fines lanières.

Faites revenir les crevettes et les poivrons 2 minutes dans le wok avec l'huile.

Mouillez avec le bouillon de légumes et le lait de coco.

Mélangez.

Ajoutez les épices et mélangez à nouveau.

Prélevez une louche de liquide et délayez la purée de piment.

Remettez dans la sauce.

Laissez réduire à petits bouillons pendant 25 minutes.

Remarque

Les crevettes ont une place privilégiée dans un régime hypocalorique : elles sont très légères mais rassasiantes et se cuisinent de mille et une façons.

Croustillant de lieu aux épinards

Préparation : 10 minutes - Cuisson : 20 minutes - Difficulté : ★★ Budget : ★★

Pour 4 personnes

- 4 feuilles de brick
- 4 pavés de lieu
- 500 g de pousses d'épinard
- 1 cuil. à soupe de câpres
- 1 cuil. à soupe d'huile d'olive
- Sel et poivre

Préchauffez le four à 210 °C (th. 7).

Salez et poivrez le poisson à cru.

Badigeonnez une face d'huile d'olive avec un pinceau.

Mélangez les pousses d'épinard avec les câpres.

Garnissez le centre des feuilles de brick avec les épinards aux câpres.

Déposez le poisson.

Refermez la feuille de brick.

Posez sur une plaque à pâtisserie recouverte de papier sulfurisé.

Enfournez pour 20 minutes.

Remarque

Une sauce n'est pas forcément nécessaire pour cette recette. Mais, si vous le souhaitez, vous pouvez agrémenter vos croustillants d'une crème légère citronnée.

Croustillant de colin à la macédoine de légumes

Préparation : 15 minutes - Cuisson : 20 minutes - Difficulté : ★★ Budget : ★★

Pour 4 personnes

- 4 feuilles de brick
- 4 pavés de colin
- 500 g de macédoine de légumes surgelée
- 1 cuil. à café d'herbes de Provence
- 1 cuil. à soupe d'huile d'olive
- Sel et poivre

Faites blanchir la macédoine 5 minutes dans l'eau bouillante salée.

Égouttez et réservez.

Salez et poivrez les pavés de colin.

Huilez les feuilles de brick avec un pinceau.

Déposez le poisson au centre de la feuille de brick.

Parsemez d'herbes de Provence.

Surmontez d'un tas généreux de macédoine.

Refermez les bricks et retournez.

Placez sur une plaque à pâtisserie recouverte d'un papier sulfurisé.

Enfournez pour 20 minutes.

Filets de limande à la sauce citronnée

Préparation : 10 minutes - Cuisson : 30 minutes - Difficulté : ★ Budget : ★

Pour 4 personnes

- 4 filets de limande
- 240 g de riz brun
- 2 citrons verts
- 25 cl de crème fraîche allégée
- 1 cuil. à soupe de câpres
- 1 cuil. à soupe d'huile d'olive
- Sel et poivre

Faites cuire le riz 10 minutes dans l'eau bouillante salée.

Égouttez et réservez.

Salez et poivrez les filets de limande.

Faites cuire les filets dans 1 cuil. à soupe d'huile, 5 minutes de chaque côté.

Pressez les citrons.

Dans une petite casserole, faites réduire de moitié le jus des citrons.

Ajoutez la crème et les câpres.

Salez et poivrez, puis émulsionnez pendant 5 minutes.

Servez les limandes avec le riz et la sauce.

Remarque

Le riz brun n'est autre qu'un riz vendu avec sa cosse de son. Il est bien pourvu en magnésium et en vitamines, ainsi qu'en fibres.

Filets de limande sur lit de chou

Préparation : 10 minutes - Cuisson : 30 minutes - Difficulté : ★ Budget : ★★

Pour 4 personnes

- 4 filets de limande
- ½ chou vert
- 1 cuil. à soupe de raisins secs blonds
- 2 cuil. à soupe d'huile d'olive
- Sel et poivre

Faites gonfler les raisins dans un bol d'eau.

Émincez finement le chou et faites-le revenir à la poêle dans 1 cuil. à soupe d'huile. Salez et poivrez.

Ajoutez les raisins égouttés.

Poursuivez la cuisson sur feu doux pendant 20 minutes.

Salez et poivrez les limandes.

Faites-les revenir 5 minutes de chaque côté dans 1 cuil. à soupe d'huile.

Présentez les limandes sur un lit de chou aux raisins.

Fricassée de dinde au chou

Préparation : 20 minutes - Cuisson : 30 minutes - Difficulté : ★ Budget : ★

Pour 4 personnes

- 300 g de sauté de dinde
- 1/2 chou vert
- 2 oignons
- 1 cuil. à soupe de fond de volaille en poudre
- 1 cuil. à soupe de farine
- 1 cuil. à soupe d'huile d'olive
- Sel et poivre

Émincez finement l'oignon et le chou.

Faites suer les oignons avec l'huile d'olive dans une sauteuse à larges bords.

Quand ils sont translucides, ajoutez la viande et faites-la colorer pendant 5 minutes, sur tous les côtés.

Saupoudrez de farine et mélangez avec une cuillère en bois.

Couvrez d'eau froide et ajoutez le fond de volaille. Remuez. Salez et poivrez.

Ajoutez le chou.

Laissez cuire à petits bouillons pendant 30 minutes.

Remarque

La fricassée ne doit pas être sèche. Pour cela, il faut la laisser cuire lentement et ajouter de l'eau en cours de cuisson, si nécessaire.

Gratin d'épeautre

Préparation : 15 minutes - Trempage : 12 heures - Cuisson : 70 minutes - Difficulté : ★ Budget : ★

Pour 4 personnes

- 240 g d'épeautre
- 2 courgettes
- 1 petite aubergine
- 1 cuil. à soupe de romarin
- 1 cuil. à soupe d'huile d'olive
- Sel et poivre

Faites tremper l'épeautre 12 heures dans un grand volume d'eau salée.

Retirez les résidus à la surface et rincez-le plusieurs fois.

Faites-le cuire pendant 30 minutes, dans deux fois son volume d'eau bouillante salée.

Éteignez le gaz et laissez gonfler encore 10 minutes.

Préchauffez le four à 180 °C (th. 6)

Coupez les courgettes et l'aubergine en tout petits dés.

Faites les revenir dans l'huile pendant 10 minutes.

Parsemez de romarin, salez et poivrez.

Mélangez l'épeautre et les légumes. Rectifiez l'assaisonnement au besoin.

Versez dans un plat à gratin et enfournez pour 10 minutes.

Remarque

Vous trouverez de l'épeautre dans les magasins bio. Plus vous le ferez tremper longtemps (jusqu'à 24 heures), plus vous réduirez le temps de cuisson.

Haricots verts en cocotte

Préparation : 15 minutes - Cuisson : 20 minutes - Difficulté : ★ Budget : ★

Pour 4 personnes

- 1 kg de haricots verts équeutés
- 100 g d'allumettes de jambon
- 4 tomates
- 2 oignons
- 50 cl de fond de volaille
- Sel et poivre

Préchauffez le four à 210 °C (th. 7).

Faites précuire les haricots à la vapeur pendant 10 minutes.

Coupez-les en tronçons.

Coupez les tomates et les oignons en gros quartiers.

Mettez les légumes et les allumettes de jambon dans une cocotte en fonte.

Salez et poivrez, puis mouillez avec le fond de volaille.

Posez le couvercle et enfournez pour 20 minutes.

Remarque

Vous trouverez facilement des allumettes de jambon au rayon frais. En revanche, évitez les lardons qui totalisent presque 300 kcal aux 100 g !

Lasagnes légères aux épinards

Préparation : 15 minutes - Cuisson : 35 minutes - Difficulté : ★ Budget : ★★

Pour 4 personnes

- 4 feuilles de lasagne précuites
- 400 g d'épinards frais
- 4 tomates
- 4 tranches de truite fumée
- 1 brique de crème liquide légère
- 1 cuil. à soupe de parmesan
- Sel et poivre

Préchauffez le four à 210 °C (th. 7).

Faites blanchir les épinards 5 minutes dans l'eau bouillante salée.

Égouttez, salez, poivrez et réservez.

Coupez les tomates en fines rondelles.

Tapissez un plat à gratin d'épinards.

Disposez au-dessus les rondelles de tomate superposées, puis les filets de truite. Finissez par une couche de pâtes à lasagne.

Répétez l'opération jusqu'à épuisement des ingrédients.

Répartissez la crème sur l'ensemble de la surface.

Saupoudrez de parmesan.

Enfournez pour 30 minutes.

Maigre aux petits légumes

Préparation : 15 minutes - Cuisson : 35 minutes - Difficulté : ★ Budget : ★

Pour 4 personnes

- 4 pavés de maigre
- 1 poivron jaune
- 1 poivron rouge
- 2 courgettes
- 1 cuil. à café de curry
- 1 cuil. à soupe de persil haché
- 2 cuil. à soupe d'huile d'olive
- Quelques feuilles de basilic
- Sel et poivre

Préchauffez le four à 210 °C (th. 7).

Huilez le dessus du maigre au pinceau. Salez et poivrez.

Coupez les poivrons épépinés en tout petits dés.

Coupez les courgettes en petits dés de la même taille.

Enfournez le poisson pour 20 minutes.

Faites revenir les courgettes et les poivrons dans l'huile d'olive pendant 15 minutes en remuant sans cesse.

Salez et poivrez.

Ajoutez le curry et le persil haché. Mélangez.

Garnissez un cercle de petits légumes.

Décerclez et posez le poisson dessus.

Décorez avec une feuille de basilic.

Petits pois et carottes au jambon grillé

Préparation : 15 minutes - Cuisson : 35 minutes - Difficulté : ★ Budget : ★

Pour 4 personnes

- 4 tranches de jambon à griller
- 400 g de petits pois
- 4 carottes
- 2 oignons
- 1 bouquet garni
- 50 cl de fond de volaille
- 1 cuil. à soupe d'huile de tournesol
- Sel et poivre

Écossez les petits pois.

Coupez les carottes en rondelles.

Émincez l'oignon.

Faites revenir l'oignon dans une sauteuse à larges bords.

Quand il est translucide, ajoutez les carottes et les petits pois.

Mouillez avec le fond de volaille.

Salez et poivrez, puis ajoutez le bouquet garni.

Laissez cuire à couvert pendant 30 minutes sur feu doux.

Faites griller le jambon sans matière grasse dans une poêle à grillade ou dans une poêle antiadhésive.

Présentez le jambon accompagné des légumes.

Remarque

Pour cette recette, vous pouvez utiliser un mélange petits pois-carottes surgelé. En revanche, évitez les conserves, toujours plus salées.

Potiron revenu aux graines de cumin

Préparation : 10 minutes - Cuisson : 20 minutes - Difficulté : ★ Budget : ★

Pour 4 personnes

- ½ potiron
- 2 cuil. à soupe de graines de cumin
- 2 cuil. à soupe d'huile d'olive
- Sel et poivre

Pelez le potiron et coupez-le en gros cubes.

Tamponnez-le rapidement avec un papier absorbant.

Faites chauffer l'huile dans une poêle.

Quand l'huile est chaude, faites revenir les cubes de potiron pendant 15 à 20 minutes, en remuant sans arrêt, mais sans les abîmer.

Salez et poivrez.

Parsemez de graines de cumin.

Remarque

Choisissez un potiron bien ferme, pour qu'il soit plus facile à découper. Dans tous les cas, essayez de ne pas l'écraser lors de la découpe.

Parmentier poulet-céleri

Préparation : 20 minutes - Cuisson : 40 minutes - Difficulté : ★ Budget : ★

Pour 4 personnes

- 3 escalopes de poulet
- 4 pommes de terre
- ½ céleri-rave
- 2 gousses d'ail
- 2 oignons
- 1 bouquet de persil
- 20 cl de lait écrémé
- 1 cuil. à soupe de chapelure
- 1 cuil. à soupe d'huile
- Sel et poivre

Préchauffez le four à 210 °C (th. 7).

Épluchez les pommes de terre et le céleri, puis coupez-les en morceaux.

Mettez-les dans une casserole, couvrez d'eau salée et laissez cuire 20 minutes.

Mixez le poulet avec l'ail et l'oignon.

Ajoutez le persil lavé et mixez à nouveau.

Passez les pommes de terre et le céleri au presse-purée.

Mélangez avec le lait, salez et poivrez.

Faites revenir le poulet haché 5 minutes dans l'huile d'olive.

Versez dans un plat à gratin.

Recouvrez avec la purée et saupoudrez de chapelure.

Enfournez pour 15 minutes.

Parmentier bœuf-carottes

Préparation : 15 minutes - Cuisson : 50 minutes - Difficulté : ★ Budget : ★

Pour 4 personnes

- 300 g de bœuf haché
- 500 g de carottes
- 1 rutabaga
- 5 échalotes hachées
- 1 gousse d'ail hachée
- 20 cl de lait écrémé
- 1 cuil. à soupe d'huile
- 1 cuil. à café de cumin
- Sel et poivre

Préchauffez le four à 210 °C (th. 7).

Coupez les carottes et le rutabaga en morceaux d'égale grosseur.

Mettez-les à cuire dans de l'eau salée pendant 30 minutes.

Égouttez et passez au moulin à légumes.

Allongez avec le lait et assaisonnez avec un peu de sel, du poivre et du cumin.

Faites revenir le bœuf avec les échalotes et l'ail pendant 5 minutes, avec l'huile d'olive.

Versez le bœuf dans un plat à gratin et recouvrez de purée de carottes.

Enfournez pour 15 minutes.

Remarque

Le rutabaga fait partie des légumes anciens qu'il est très intéressant de redécouvrir. Son goût proche du navet est subtil et sa chair assez ferme se prête à toutes les préparations.

Purée de haricots verts et céleri

Préparation : 15 minutes - Cuisson : 30 minutes - Difficulté : ★ Budget : ★

Pour 4 personnes

- 500 g de haricots verts équeutés
- ½ céleri-rave
- 2 pommes de terre
- 1 cuil. à soupe d'huile de noix
- Sel et poivre

Coupez les haricots verts en tronçons et mettez-les à cuire dans un grand volume d'eau salée pendant 10 minutes.

Égouttez et réservez.

Détaillez le céleri-rave en morceaux.

Coupez les pommes de terre en morceaux équivalents.

Faites cuire les pommes de terre et le céleri 20 minutes à l'eau bouillante salée.

Placez tous les légumes dans le bol du robot mixeur et réduisez en purée.

Ajoutez l'huile de noix.

Salez et poivrez.

Purée de pâtisson

Préparation : 15 minutes - Cuisson : 50 minutes - Difficulté : ★★ Budget : ★

Pour 4 personnes

- 1 gros pâtisson
- 2 pommes de terre
- 1 cuil. à soupe de romarin
- 2 œufs
- Sel et poivre

Préchauffez le four à 210 °C (th. 7)

Coupez un chapeau au pâtisson et évidez-le sans l'abîmer.

Jetez les graines et conservez la chair.

Épluchez les pommes de terre et coupez-les en petits morceaux.

Faites cuire le pâtisson et les pommes de terre 20 minutes à la vapeur.

Écrasez les légumes à la fourchette dans un saladier avec les jaunes d'œufs, le romarin, le sel et le poivre.

Montez les blancs en neige et incorporez délicatement à la préparation.

Versez dans la coque de pâtisson, replacez le chapeau et enfournez pour 30 minutes.

Remarque

Voilà une recette qui sera du plus bel effet si vous avez des invités. Pour une préparation plus rapide, confectionnez la même purée sans vous préoccuper du contenant.

Roulades de dinde aux épinards

Préparation : 5 minutes - Cuisson : 20 minutes - Difficulté : ★ Budget : ★

Pour 4 personnes

- 3 escalopes de dindes extrafines
- 200 g d'épinards hachés surgelés
- 1 gousse d'ail
- Quelques gouttes de Tabasco
- 2 cuil. à soupe d'huile d'olive
- Sel et poivre

Faites revenir les épinards avec l'ail haché dans 1 cuil. à soupe d'huile pendant 10 minutes.

Salez et poivrez, puis ajoutez le Tabasco.

Salez et poivrez les escalopes de dindes.

Étalez dessus une couche d'épinards et roulez-les en les maintenant fermement.

Coupez chaque escalope roulée en quatre et piquez les morceaux avec un cure-dent pour les maintenir fermées.

Faites cuire à la poêle, en les faisant dorer de chaque côté pendant 10 minutes.

Roulades de dinde au curry de mangue

Préparation : 10 minutes - Cuisson : 30 minutes - Difficulté : ★ Budget : ★

Pour 4 personnes

- 3 escalopes de dinde extrafines
- 1 mangue
- 1 pomme
- 1 cuil. à café de curry
- 1 cuil. à soupe d'huile d'olive
- Sel et poivre

Coupez la mangue et la pomme en morceaux.

Faites-les compoter à feu doux avec le curry et 2 cuil. à soupe d'eau, pendant 20 minutes.

Salez et poivrez les escalopes de dinde.

Étalez une couche de curry de mangue, puis roulez-les en serrant bien.

Coupez-les en 4 parties et fermez-les avec de petites piques en bois.

Faites cuire à la poêle dans 1 cuil. à soupe d'huile d'olive, en laissant colorer de chaque côté pendant 10 minutes environ.

Remarque

Choisissez une mangue bien mûre. Elle ne doit pas être flétrie mais souple au toucher, et brillante.

Tomates farcies au quinoa

Préparation : 10 minutes - Cuisson : 40 minutes - Difficulté : ★ Budget : ★

Pour 4 personnes

- 8 tomates moyennes
- 150 g de quinoa
- 1 cuil. à soupe de câpres
- 1 cuil. à soupe d'olives concassées
- Sel et poivre

Préchauffez le four à 210 °C (th. 7).

Évidez délicatement les tomates et retournez-les.

Faites cuire le quinoa rincé pendant 10 minutes, dans deux fois son volume d'eau salée.

Égouttez.

Mélangez le quinoa avec les câpres et les olives concassées. Salez et poivrez.

Remplissez les tomates avec la préparation et placez dans un plat à gratin.

Enfournez pour 30 minutes.

Compote de coings

Préparation : 10 minutes - Cuisson : 15 minutes - Difficulté : ★ Budget : ★

Pour 4 personnes

- 1 kg de coings
- 2 pommes
- 75 g de fructose
- Cannelle

Coupez en morceaux les coings épépinés (mais avec la peau).

Épluchez et épépinez les pommes, puis coupez-les en morceaux.

Faites cuire le tout 15 minutes à la vapeur.

Mixez les fruits cuits, avec le sucre et une pincée de cannelle dans le robot.

Remarque

Cette compote est idéale car elle est très peu sucrée, mais néanmoins très goûteuse. Vous pouvez aussi remplacer les pommes par les fruits que vous avez dans votre bac à légumes.

Compote de pêches à l'anis étoilé

Préparation : 10 minutes - Cuisson : 15 minutes - Difficulté : ★ Budget : ★

Pour 4 personnes

- 1 kg de pêches
- 5 cl de sucre de canne
- 1 anis étoilé
- 2 citrons

Pressez les citrons.

Épluchez les pêches et coupez-les en morceaux.

Laissez-les compoter sur feu doux pendant 15 minutes avec le sucre de canne, l'anis étoilé et le jus des citrons.

Retirez l'anis étoilé et servez dans de petits ramequins.

Cerises en gelée

Préparation : 10 minutes - Cuisson : 20 minutes - Repos : 2 heures - Difficulté : ★ Budget : ★★

Pour 4 personnes

- 500 g de cerises
- 50 g de fructose
- 10 cl de pineau
- 2 feuilles de gélatine

Équeutez et dénoyautez les cerises.

Placez-les dans une casserole avec le fructose et le pineau.

Couvrez d'eau et laissez cuire à frémissement pendant 20 minutes.

Faites ramollir les feuilles de gélatine dans un bol d'eau.

Ajoutez la gélatine dans la casserole et remuez jusqu'à ce qu'elle soit dissoute.

Remplissez des petites verrines avec la gelée de cerises.

Laissez refroidir complètement, puis placez au réfrigérateur pour 2 heures.

Remarque

Si vous n'avez pas de cerises, essayez avec des fraises mais évitez en revanche les cerises au sirop, bien trop sucrées.

Mini-cakes au matcha

Préparation : 10 minutes - Cuisson : 25 minutes - Difficulté : ★ Budget : ★

Pour 4 personnes

- 1 cuil. à café de thé vert matcha
- 150 g de farine
- 3 œufs
- 125 g de fructose
- 1 cuil. à soupe d'huile d'olive

Dans un saladier, travaillez au fouet le mélange fructose, huile et jaunes d'œufs jusqu'à ce qu'il blanchisse.

Mélangez la farine et le thé vert.

Ajoutez la farine en pluie et mélangez.

Montez les blancs en neige ferme.

Ajoutez délicatement les blancs à la préparation.

Versez dans une plaque des petits moules à cake en silicone.

Enfournez pour 25 minutes.

Remarque

Vous pouvez aussi utiliser des moules à madeleines ou à muffins.
Adaptez le temps de cuisson en conséquence.

Mirabelles et cerises en salade

Préparation : 10 minutes - Cuisson : 15 minutes - Difficulté : ★ Budget : ★★

Pour 4 personnes

- 500 g de mirabelles
- 500 g de cerises
- 1 l de jus d'orange
- 2 citrons
- 1 gousse de vanille

Dénoyautez les cerises et les mirabelles.

Coupez-les en deux.

Pressez les citrons.

Dans une casserole, mettez à chauffer le jus d'orange avec le jus des citrons et la gousse de vanille.

Laissez réduire doucement pendant 15 minutes.

Disposez les cerises et les mirabelles dans de petites assiettes creuses.

Arrosez du jus encore tiède et dégustez.

Oreillons en gelée

Préparation : 10 minutes - Cuisson : 15 minutes - Repos : 2 heures - Difficulté : ★ Budget : ★★

Pour 4 personnes

- 1 kg d'abricots
- 20 cl de muscat
- 50 g de fructose
- 1 cuil. à café de gingembre
- 2 feuilles de gélatine

Dénoyautez les abricots.

Mettez-les dans une casserole avec le muscat, le fructose et le gingembre.

Couvrez d'eau et laissez compoter sur feu moyen pendant 15 minutes.

Faites ramollir la gélatine dans un bol d'eau froide.

Faites-la dissoudre dans le sirop en remuant.

Remplissez des verrines ou des ramequins.

Laissez refroidir complètement avant d'entreposer au frais pour 2 heures.

Remarque

Ne consommez les abricots qu'en pleine saison, en été, pour profiter de leur saveur inégalable. Ils doivent être très odorants et souples au toucher.

Panna cotta à la réglisse

Préparation : 5 minutes - Cuisson : 15 minutes - Repos : 2 heures - Difficulté : ★ Budget : ★

Pour 4 personnes

- 1 bâton de réglisse
- 25 cl de lait de soja
- 2 cuil. à soupe de crème fraîche allégée
- 30 g d'aspartame
- 2 g d'agar-agar
- 1 cuil. à café de réglisse en poudre

Faites chauffer le lait avec la crème fraîche, l'agar-agar, l'aspartame, la poudre de réglisse et le bâton de réglisse.

À ébullition, baissez le feu et laissez frémir pendant 2 minutes en remuant.

Enlevez le bâton de réglisse et filtrez au chinois.

Laissez refroidir 15 minutes.

Remplissez de petits ramequins et laissez reposer au réfrigérateur pendant 2 heures.

Remarque

À défaut de réglisse en poudre, que l'on trouve dans les épiceries fines et les magasins spécialisés, hachez très finement un rouleau de réglisse (type Haribo).

Semoule au thé et aux raisins

Préparation : 5 minutes - Cuisson : 25 minutes - Difficulté : ★ Budget : ★

Pour 4 personnes

- 1 sachet de thé vert
- 160 g de semoule moyenne
- 150 g de raisins secs
- 20 g de fructose

Faites infuser le thé dans 1 l d'eau bouillante pendant 5 minutes.

Enlevez le sachet et remettez sur le feu.

Ajoutez le fructose.

À ébullition, jetez la semoule en pluie et les raisins, et laissez cuire en tournant pendant 20 minutes.

Égouttez et laissez complètement refroidir avant de servir.

Semoule à la fleur d'oranger

Préparation : 10 minutes - Cuisson : 20 minutes - Difficulté : ★ Budget : ★

Pour 4 personnes

- 160 g de semoule moyenne
- 20 g de fructose
- 1 orange
- 1 cuil. à soupe d'eau de fleur d'oranger

Faites cuire la semoule dans 1 l d'eau bouillante avec l'eau de fleur d'oranger et le fructose pendant 20 minutes.

Égouttez et égrainez à la fourchette.

Pelez l'orange à vif et prélevez les suprêmes.

Réservez le jus.

Dans un saladier, mélangez délicatement la semoule avec les quartiers d'orange. Arrosez du jus d'orange et servez frais.

Smoothie de melon à l'anis

Préparation : 5 minutes - Difficulté : ★ Budget : ★

Pour 4 personnes

- 1 melon de Cavaillon
- 10 cl de pastis sans alcool
- 2 yaourts brassés à 0 % de MG
- 30 cl de lait écrémé
- 30 g de fructose
- 10 glaçons

Débitez le melon épluché et égrainé en petits morceaux.

Placez-le dans un blender avec les yaourts, le pastis, le lait et le fructose.

Mixez finement et placez au frais.

Au moment de servir, placez les glaçons dans un torchon propre et pilez-les avec un rouleau à pâtisserie.

Garnissez le fond des verrines avec la glace pilée et ajoutez le smoothie.

Remarque

Le melon fonctionne aussi très bien avec la fraise (10 cl de sirop). Le résultat paraît plus sucré mais n'est pas plus calorique pour autant.

Assiette lunch

Préparation : 10 minutes - Cuisson : 25 minutes - Difficulté : ★ Budget : ★

Pour 4 personnes

- 2 échalotes
- 240 g de riz brun
- 3 escalopes de poulet
- 1 sachet de mâche
- 1 barquette de tomates cerise
- 200 g de compote de pommes (sans sucres ajoutés)
- 4 cuil. à soupe de vinaigrette allégée
- 2 cuil. à soupe d'huile d'olive
- Sel et poivre

Faites revenir les échalotes hachées dans 1 cuil. à soupe d'huile d'olive.

Ajoutez le riz, mélangez et couvrez d'eau. Salez et poivrez.

Coupez les escalopes de poulet en lanières et faites-les revenir dans 1 cuil. à soupe d'huile pendant 5 minutes.

Quand le poulet est doré, ajoutez-le au riz et poursuivez la cuisson pendant 20 minutes.

Mélangez la mâche et les tomates cerise, coupées en deux.

Assaisonnez avec la vinaigrette allégée.

Présentez la salade dans un bol, le risotto dans une petite assiette creuse et la compote dans une verrine. Mettez l'ensemble sur un petit plateau ou une grande assiette.

Assiette dîner sur le pouce

Préparation : 10 minutes - Cuisson : 20 minutes - Difficulté : ★ Budget : ★

Pour 4 personnes

- 4 courgettes
- 2 pommes de terre
- 1 l de bouillon de légumes
- ¼ de concombre
- 200 g de fromage blanc à 20 % de MG
- 4 tranches de pain de campagne
- 1 cuil. à soupe de menthe ciselée
- 8 bâtonnets de surimi
- Sel et poivre

Faites cuire les courgettes et les pommes de terre coupées en morceaux dans 1 l de bouillon de légumes pendant 20 minutes.

Mixez au bras à soupe et réservez au chaud.

Coupez le concombre en petits dés.

Mélangez-le au fromage blanc. Salez et poivrez généreusement.

Tartinez les tranches de pain avec cette préparation.

Dans des assiettes, disposez les tranches de pain et les surimis, et présentez la soupe dans des verrines.

Remarque

Vous pouvez varier ce genre d'assiette à l'infini avec ce que vous avez dans vos placards. L'essentiel est de respecter les bonnes proportions de glucides et de protéines et d'avoir la main légère sur les graisses.

Assiette sucrée-salée

Préparation : 15 minutes - Cuisson : 10 minutes - Difficulté : ★ Budget : ★★

Pour 4 personnes

- 200 g de crevettes décortiquées
- 1 boîte de lait de coco
- 1 cuil. à café de curry thaï
- 2 carottes
- 2 cuil. à soupe de raisins secs blonds
- 2 citrons
- 1 boîte d'ananas en tranches au naturel
- 1 cuil. à soupe de vinaigre balsamique
- Sel et poivre

Faites cuire les crevettes dans le wok, avec le lait de coco et le curry thaï pendant 10 minutes.

Râpez les carottes.

Mélangez-les avec les raisins.

Pressez les citrons et émulsionnez leur jus avec le vinaigre balsamique.

Salez et poivrez.

Ajoutez cette sauce aux carottes et mélangez.

Coupez les tranches d'ananas en morceaux.

Présentez les assiettes en disposant les crevettes au centre, la salade de carottes et les ananas de chaque côté.

Blanquette de veau façon mère grand

Préparation : 5 minutes - Cuisson : 45 minutes - Difficulté : ★ Budget : ★★

Pour 4 personnes

- 400 g de sauté de veau
- 2 oignons
- 4 carottes
- 1 cuil. à soupe de farine
- 20 cl de fond de volaille
- 1 barquette de champignons de Paris
- 1 cuil. à soupe d'huile d'olive
- 2 cuil. à soupe de crème fraîche allégée
- Sel et poivre

Émincez les oignons et faites-les revenir dans une sauteuse.

Quand ils ont sué, ajoutez la viande et faites colorer sur chaque face.

Retirez la viande et réservez.

Saupoudrez la sauteuse de farine et mélangez avec une cuillère en bois.

Mouillez avec le fond de volaille.

Ajoutez les carottes et les champignons coupés en petits morceaux et laissez cuire à petit feu pendant 15 minutes.

Remettez la viande et poursuivez la cuisson pendant 15 minutes.

Ajoutez la crème fraîche en fin de cuisson.

Remarque

Servie avec un bol de céréales ou de riz, cette blanquette légère fait le plein de saveurs, sans peser démesurément sur la balance.

Bouchées de colin à la vapeur

Préparation : 15 minutes - Repos : 1 heure - Cuisson : 15 minutes - Difficulté : ★ Budget : ★★

Pour 4 personnes

- 400 g de colin
- 2 œufs
- 1 cuil. à café de paprika
- 1 cuil. à café de quatre-épices
- 1 bouquet de coriandre
- 10 cl de lait de soja
- 1 cube de fumet de poisson
- Sel et poivre

Mettez tous les ingrédients dans le bol du mixeur et hachez.

Entreposez la préparation dans un récipient fermé au réfrigérateur pendant 1 heure.

Faites chauffer 1 l d'eau avec le fumet de poisson dans une casserole pas trop évasée.

À la main, formez des boulettes de poisson de la taille d'une noix.

Faites cuire les bouchées dans un panier en bambou posé au-dessus de la casserole pendant 15 minutes.

Dégustez aussitôt.

Boulettes de poulet à la tomate

Préparation : 15 minutes - Repos : 1 heure - Cuisson : 30 minutes - Difficulté : ★ Budget : ★

Pour 4 personnes

- 400 g de poulet
- 2 oignons
- 2 œufs
- 2 cuil. à soupe de persil plat
- 1 cuil. à café de coriandre moulue
- 50 cl de coulis de tomates
- 1 cuil. à soupe d'herbes de Provence
- 1 cuil. à soupe d'huile d'olive
- Sel et poivre

Mixez le poulet avec les oignons et les œufs.

Salez et poivrez et ajoutez le persil et la coriandre.

Entreposez au frais pendant 1 heure.

Façonnez des boulettes avec le poulet. Réservez.

Faites chauffer l'huile d'olive dans une poêle antiadhésive et faites colorer les boulettes pendant 10 minutes.

Baissez le feu, versez le coulis de tomates et les herbes de Provence.

Mélangez et laissez mijoter pendant 20 minutes.

Remarque

Il suffit d'apporter une portion de glucides lents à cette recette pour avoir un plat complet et rassasiant. Terminez par un fruit ou un laitage.

Boulettes de bœuf au Tabasco

Préparation : 15 minutes - Repos : 1 heure - Cuisson : 20 minutes - Difficulté : ★ Budget : ★★

Pour 4 personnes

- 400 g de bœuf haché à 20 % de MG
- 2 gousses d'ail
- 1 oignon
- 2 cuil. à soupe de ciboulette hachée
- 2 œufs
- 1 cuil. à café de Tabasco
- 1 cuil. à soupe d'huile
- Sel et poivre

Hachez les gousses d'ail et l'oignon.

Dans un saladier, mélangez à la fourchette la viande hachée avec l'ail et l'oignon hachés, la ciboulette et les œufs.

Ajoutez le Tabasco et mélangez bien.

Salez et poivrez.

Réservez au frais pendant 1 heure.

Façonnez des boulettes dans le creux de la main. Réservez.

Faites chauffer l'huile dans une poêle antiadhésive et faites revenir les boulettes sur toutes les faces.

Poursuivez la cuisson sur feu doux pendant 10 minutes.

Cake léger à l'origan

Préparation : 15 minutes - Cuisson : 45 minutes - Difficulté : ★ Budget : ★

Pour 4 personnes

- 1 grosse boîte de thon au naturel
- 250 g de farine
- 1 sachet de levure
- 3 œufs
- 20 cl de lait écrémé
- 1 cuil. à soupe de crème fraîche allégée
- 1 cuil. à soupe d'origan
- Sel et poivre

Préchauffez le four à 210 °C (th. 7).

Dans un saladier, mélangez la farine, la levure, la crème, le lait et les œufs battus en omelette avec le fouet.

Ajoutez le thon égoutté et émietté, puis l'origan.

Salez et poivrez, puis mélangez bien.

Versez la préparation dans un moule à cake en silicone.

Enfournez pour 45 minutes.

Remarque

Attendez que le cake soit totalement refroidi avant de le démouler, ce sera plus facile.

Cake léger au jambon maigre

Préparation : 15 minutes - Cuisson : 45 minutes - Difficulté : ★ Budget : ★

Pour 4 personnes

- 2 tranches de jambon dégraissé
- 250 g de farine
- 1 sachet de levure
- 3 œufs
- 20 cl de lait écrémé
- 1 cuil. à soupe de crème fraîche allégée
- 1 cuil. à soupe de basilic haché
- Sel et poivre

Préchauffez le four à 210 °C (th. 7).

Coupez le jambon en fines lanières.

Dans un saladier, mélangez la farine, la levure, la crème, le lait et les œufs battus en omelette avec le fouet.

Salez et poivrez.

Ajoutez le jambon et le basilic, puis mélangez bien pour répartir correctement les ingrédients.

Versez la préparation dans un moule à cake en silicone.

Enfournez pour 45 minutes.

Cake léger au surimi

Préparation : 15 minutes - Cuisson : 45 minutes - Difficulté : ★ Budget : ★

Pour 4 personnes

- 1 sachet de surimi en miettes
- 250 g de farine
- 1 sachet de levure
- 3 œufs
- 20 cl de lait écrémé
- 1 cuil. à soupe de crème fraîche allégée
- 1 cuil. à soupe de ciboulette hachée
- Sel et poivre

Préchauffez le four à 210 °C (th. 7).

Dans un grand saladier, mélangez la farine, la levure, le lait, la crème et les œufs battus en omelette avec le fouet.

Salez et poivrez.

Ajoutez le surimi et la ciboulette et mélangez bien pour répartir correctement les ingrédients.

Versez la préparation dans un moule à cake en silicone.

Enfournez pour 45 minutes.

Remarque

Une belle tranche de cake peut tout à fait constituer le déjeuner si vous l'accompagnez d'une portion de crudités.

Escalopes de poulet grillées aux épices douces

Préparation : 15 minutes - Marinade : 4 heures - Cuisson : 20 minutes - Difficulté : ★ Budget : ★

Pour 4 personnes

- 2 escalopes de poulet
- 2 gousses d'ail
- 1 cuil. à café de cannelle
- 1 cuil. à café de paprika
- 1 cuil. à café de quatre-épices
- 2 citrons
- 1 cuil. à soupe d'huile d'olive
- Sel et poivre

Dans un plat creux, disposez les escalopes de poulet à plat.

Saupoudrez avec la cannelle, le paprika et le quatre-épices.

Pressez les citrons et ajoutez le jus dans la marinade.

Ajoutez l'ail épluché.

Couvrez le plat avec un papier film et entreposez au réfrigérateur pour 4 heures.

Faites revenir les escalopes sans la marinade dans l'huile chaude à la poêle, 10 minutes de chaque côté.

Endives et jambon en gratin

Préparation : 15 minutes - Cuisson : 35 minutes - Difficulté : ★ Budget : ★

Pour 4 personnes

- 4 endives
- 2 tranches de jambon
- 20 g de beurre
- 1 cuil. à soupe de farine
- 25 cl de lait demi-écrémé
- 1 cuil. à café de muscade moulue
- 1 cuil. à soupe de chapelure
- Sel et poivre

Préchauffez le four à 210 °C (th. 7).

Faites cuire les endives 10 minutes dans l'eau bouillante salée.

Égouttez et réservez.

Coupez les tranches de jambon en deux, dans le sens de la largeur.

Enroulez-les autour des endives et déposez le tout dans un plat à gratin.

Dans une casserole, faites un roux avec le beurre et la farine.

Ajoutez le lait et laissez épaissir sur feu doux en remuant sans cesse.

Ajoutez la noix de muscade, le sel et le poivre.

Nappez les endives avec la béchamel.

Saupoudrez de chapelure.

Enfournez pour 20 minutes.

Fondue chinoise

Préparation : 20 minutes - Difficulté : ★ Budget : ★★

Pour 4 personnes

- 150 g de pavé de bœuf
- 2 blancs de poireaux
- 150 g de shiitaké
- 300 g de cresson
- 150 g de crevettes géantes décortiquées
- 1 l de bouillon de volaille
- 2 cuil. à soupe de sauce soja
- Sel et poivre

Placez le bœuf une demi-heure au réfrigérateur, puis coupez-le en tranches très fines. Réservez sur une assiette de service.

Émincez les poireaux et réservez dans une assiette de service.

Émincez les champignons et réservez dans une assiette de service.

Mettez le cresson nettoyé dans un saladier.

Disposez les crevettes crues dans une assiette.

Mettez le sel, le poivre et la sauce soja dans de petites coupelles individuelles.

Faites chauffer le bouillon dans l'appareil à fondue et disposez tous les aliments sur la table.

Chacun fera tremper et cuire les aliments de son choix dans le bouillon.

Remarque

La fondue chinoise peut aussi bien se préparer avec du bouillon de légumes ou du bouillon de bœuf. C'est simplement une affaire de goût !

Fondue aux poireaux et au fenouil, sauce à l'anis

Préparation : 10 minutes - Cuisson : 25 minutes - Difficulté : ★ Budget : ★

Pour 4 personnes

- 1 bulbe de fenouil
- 4 blancs de poireaux
- 1 cuil. à soupe d'huile d'olive
- 10 cl de pastis sans alcool
- Sel et poivre

Émincez finement les blancs de poireaux et le fenouil.

Faites chauffer l'huile dans une sauteuse.

Jetez-y les légumes et faites-les revenir rapidement pendant 5 minutes.

Salez et poivrez.

Ajoutez le pastis sans alcool et 2 verres d'eau.

Couvrez et laissez cuire à l'étouffée pendant 20 minutes.

Gratin de brocolis et sauce tomate

Préparation : 10 minutes - Cuisson : 35 minutes - Difficulté : ★ Budget : ★

Pour 4 personnes

- 500 g de bouquets de brocoli surgelés
- 4 échalotes
- 50 cl de coulis de tomates
- 2 cuil. à soupe de chapelure
- 1 cuil. à soupe d'huile
- Sel et poivre

Préchauffez le four à 210 °C (th. 7).

Faites cuire les brocolis pendant 10 minutes dans l'eau bouillante salée.

Égouttez et réservez.

Faites revenir les échalotes hachées dans l'huile d'olive.

Ajoutez les brocolis et laissez colorer 5 minutes.

Salez et poivrez.

Versez les brocolis dans un plat à gratin.

Couvrez de coulis de tomates.

Saupoudrez de chapelure et enfournez pour 20 minutes.

Méli-mélo du jardin aux herbes

Préparation : 20 minutes - Cuisson : 20 minutes - Difficulté : ★ Budget : ★

Pour 4 personnes

- 2 courgettes
- 2 tomates
- 1 aubergine
- 1 poivron
- 2 pommes de terre
- 3 gousses d'ail
- 3 cuil. à soupe de fines herbes ciselées
- 2 cuil. à soupe d'huile
- Sel et poivre

Coupez tous les légumes en dés de même calibre.

Faites précuire les dés de pommes de terre 5 minutes, à la vapeur.

Épluchez et émincez l'ail.

Faites revenir l'ail sans le faire colorer dans une grande marmite avec l'huile.

Versez tous les légumes et faites-les revenir sur feu vif pendant 10 minutes, en remuant sans cesse.

Baissez le feu.

Salez et poivrez.

Ajoutez les herbes et terminez la cuisson sur feu moyen pendant 5 minutes.

Remarque

Adaptez cette recette en fonction des légumes du marché (ou de votre potager). Veillez seulement à les couper en morceaux de taille égale afin qu'ils cuisent de façon homogène.

Petits flans aux épinards et à l'ail

Préparation : 10 minutes - Cuisson : 20 minutes - Difficulté : ★ Budget : ★

Pour 4 personnes

- 500 g d'épinards
- 4 gousses d'ail
- 2 œufs
- 2 cuil. à soupe de crème fraîche allégée
- 1 cuil. à café de piment
- 1 cuil. à soupe d'huile
- Sel et poivre

Préchauffez le four à 210 °C (th. 7).

Faites tomber les épinards dans l'huile avec l'ail écrasé.

Placez les épinards dans le bol du robot avec les œufs, la crème et le piment.

Mixez jusqu'à l'obtention d'une purée fine.

Salez et poivrez.

Versez dans des moules individuels en silicone.

Enfournez pour 20 minutes.

Petits flans bicolores

Préparation : 10 minutes - Cuisson : 45 minutes - Difficulté : ★ Budget : ★

Pour 4 personnes

- 400 g de carottes
- 1/2 chou-fleur
- 2 feuilles de gélatine
- 1 cuil. à café de muscade
- 1 cuil. à café de cumin
- 2 cuil. à soupe de crème fraîche allégée
- Sel et poivre

Faites cuire les carottes coupées en rondelles dans leur volume d'eau salée avec le cumin, pendant 20 minutes.

Faites cuire le chou-fleur détaillé en bouquets dans son volume d'eau salé avec la muscade pendant 20 minutes.

Passez les purées individuellement au presse-purée et remettez dans les casseroles.

Faites ramollir la gelée dans un bol d'eau froide.

Faites chauffer les purées pendant 5 minutes avec la gélatine et la crème.

Poivrez.

Remplissez des ramequins individuels pour moitié avec la purée de carottes et pour moitié avec la purée de chou-fleur.

Faites cuire au bain-marie pendant 20 minutes.

Remarque

Les associations tomates-haricots verts ou courgettes-poivrons rouges fonctionnent également très bien.

Pot-au-feu de la mer

Préparation : 15 minutes - Cuisson : 40 minutes - Difficulté : ★ Budget : ★★

Pour 4 personnes

- 500 g de poissons mélangés et préparés
- 4 gousses d'ail
- 2 navets
- 2 blancs de poireaux
- 2 carottes
- 2 pommes de terre
- 1 bouquet garni
- 1 l de fumet de poisson
- Sel et poivre

Mettez les poissons dans une grande marmite avec le bouquet garni et couvrez avec le fumet de poisson.

Portez à ébullition, en écumant si nécessaire, et laissez cuire 15 minutes environ.

Retirez les poissons et réservez.

Épluchez et coupez tous les légumes en tronçons réguliers.

Plongez les légumes dans le bouillon et laissez cuire 20 minutes.

Remettez les poissons et finissez la cuisson 5 minutes.

Remarque

Si vous le souhaitez, vous pouvez aussi choisir un mélange de poissons et de fruits de mer pour cette recette.

Truite aux brocolis

Préparation : 10 minutes - Cuisson : 30 minutes - Difficulté : ★ Budget : ★★

Pour 4 personnes

- 4 filets de truite
- 1 bouquet de brocoli
- 4 échalotes
- 1 cuil. à soupe de crème fraîche allégée
- 1 cuil. à soupe d'huile
- 1 citron
- Sel et poivre

Faites cuire les brocolis 20 minutes dans l'eau bouillante salée.

Mixez au robot avec la crème fraîche allégée.

Salez et poivrez.

Faites revenir les échalotes hachées 5 minutes dans l'huile.

Ajoutez les filets de truite et faites cuire 5 minutes de chaque côté en appuyant avec le dos d'une fourchette afin qu'ils restent bien à plat.

Servez les truites avec la purée de brocolis et un quartier de citron.

Cake tomates-basilic

Préparation : 25 minutes - Cuisson : 45 minutes - Difficulté : ★ Budget : ★

Pour 4 personnes

- 4 grosses tomates
- 1 bouquet de basilic frais
- 3 œufs
- 150 g de farine
- 1 sachet de levure
- 15 cl de lait
- 100 g de comté allégé râpé
- 2 cuil. à soupe d'huile d'olive
- Sel et poivre

Préchauffez le four à 180 °C (th. 6).

Pelez, épépinez et coupez les tomates en gros dés.

Salez et poivrez

Effeuillez le basilic.

Dans une poêle, faites chauffer 1 cuil. à soupe d'huile d'olive.

Faites revenir les tomates pendant 3 minutes et ajoutez le basilic effeuillé en fin de cuisson.

Battez les œufs.

Ajoutez la levure, la farine et 1 cuil. à soupe d'huile d'olive.

Ajoutez le lait tiède au mélange, les tomates et le fromage râpé.

Rectifiez l'assaisonnement.

Versez le tout dans un moule à cake en silicone.

Enfournez pour 45 minutes.

Cake aux olives et au thon

Préparation : 15 minutes - Cuisson : 30 minutes - Difficulté : ★ Budget : ★

Pour 4 personnes

- 200 g de thon au naturel
- 100 g d'olives vertes dénoyautées
- 3 œufs
- 100 g de farine de blé
- 1 cuil. à soupe de levure chimique
- 10 cl de crème liquide allégée
- 200 g de gruyère râpé allégé
- 1 cuil. à soupe d'huile d'olive

Préchauffez le four à 210 °C (th. 7).

Coupez les olives en rondelles.

Dans un saladier, battez les œufs, puis ajoutez la farine, la levure, la crème et l'huile d'olive.

Mélangez le tout jusqu'à l'obtention d'une pâte lisse et homogène.

Ajoutez le gruyère râpé, les olives et le thon.

Versez dans un moule en silicone.

Enfournez pour 30 minutes.

Servez chaud.

Remarque

Vous pouvez aussi prévoir du thon frais pour cette recette. Faites-le simplement griller à la poêle, sans matières grasses, et effeuillez-le avant de l'ajouter à la préparation.

Carpaccio de champignons

Préparation : 20 minutes - Difficulté : ★ Budget : ★

Pour 4 personnes

- 400 g de champignons de Paris frais
- 1 échalote finement coupée
- 1 cuil. à soupe de vinaigre
- 2 cuil. à soupe d'huile d'olive
- 2 branches de persil frais hachées
- Sel et poivre

Épluchez les champignons délicatement, puis coupez-les en fines lamelles.

Dans un grand plat, disposez-les en cercle sans les superposer.

Préparez une vinaigrette en émulsionnant le vinaigre et l'huile d'olive.

Ajoutez le persil et l'échalote.

Parsemez le lit de champignons de vinaigrette persillée.

Laissez au frais 10 minutes.

Servez bien froid.

Carpaccio de concombre au citron

Préparation : 15 minutes - Difficulté : ★ Budget : ★

Pour 4 personnes

- 1 concombre
- 2 citrons verts
- 1 cuil. à soupe de vinaigre balsamique
- 1 cuil. à soupe de crème liquide allégée
- Sel et poivre

Émincez le concombre à la mandoline.

Pressez un des citrons et coupez l'autre en rondelles.

Émulsionnez vivement le vinaigre et la crème.

Salez et poivrez.

Disposez les rondelles de concombre en rosace dans un grand plat en laissant le milieu libre.

Faites une rosace de citron au centre.

Arrosez les concombres de jus de citron.

Salez et poivrez.

Nappez d'un trait de crème allégée.

Servez très frais.

Remarque

Découpés à la mandoline, autrement dit très finement, presque tous les légumes peuvent se servir en carpaccio. Celá change des crudités traditionnelles.

Carpaccio de thon aux olives

Préparation : 20 minutes - Difficulté : ★ Budget : ★★

Pour 4 personnes

- 250 g de thon en filet (cru)
- 1 échalote
- 1 gousse d'ail
- 1 cuil. à soupe d'olives concassées
- 1 cuil. à soupe de coriandre hachée
- 1 cuil. à café de gingembre frais émincé
- 1 cuil. à soupe de sauce soja
- 2 cuil. à soupe huile d'olive
- Poivre

Placez le thon 10 minutes au réfrigérateur pour pouvoir le travailler plus facilement. Découpez le filet en tranches très fines.

Disposez les tranches de thon sur une assiette.

Émincez finement l'échalote.

Ajoutez l'huile d'olive à l'échalote coupée sur les tranches de thon.

Ajoutez l'ail écrasé et la coriandre.

Disposez le gingembre émincé.

Poivrez légèrement.

Ajoutez un filet de sauce soja et les olives concassées.

Servez bien frais.

Concombre à la grecque

Préparation : 15 minutes - Repos : 1 heure - Difficulté : ★ Budget : ★

Pour 4 personnes

- 1 concombre
- 2 yaourts nature
- 1 gousse d'ail
- 1 cuil. à café de vinaigre de vin
- 1 cuil. à soupe d'huile d'olive
- 1 cuil. à café d'aneth ciselé
- 1 cuil. à café de jus de citron
- Sel et poivre

Râpez le concombre à la râpe à gros trous.

Égouttez-le soigneusement.

Écrasez l'ail.

Émulsionnez les yaourts, le jus de citron, du sel, du poivre, le vinaigre, l'huile d'olive, l'aneth et l'ail. Salez et poivrez.

Battez pendant 5 minutes.

Mélangez délicatement avec le concombre.

Entreposez au réfrigérateur pendant 1 heure.

Remarque

Pour un déjeuner sur le pouce, garnissez un pain pita d'une feuille de laitue et remplissez-le de cette préparation au concombre.

Crumble à la tomate

Préparation : 10 minutes - Cuisson : 1 heure - Difficulté : ★ Budget : ★

Pour 4 personnes

- 1,5 kg de tomates
- 1 gousse d'ail haché
- 2 tiges de basilic
- 100 g de farine
- 75 g de chapelure
- 100 g de beurre allégé
- 2 cuil. à soupe d'huile d'olive
- Sel et poivre

Préchauffez le four à 120 °C (th. 4).

Pelez et épépinez les tomates, puis coupez-les en quatre.

Effeuillez et coupez le basilic.

Frottez un plat à gratin avec la gousse d'ail et huilez-le légèrement au pinceau.

Disposez les tomates au fond du plat.

Salez, poivrez et parsemez de basilic.

Arrosez d'un filet d'huile d'olive.

Enfournez pour 30 minutes.

Dans le mixeur, mélangez la farine, la chapelure et le beurre.

Sortez le plat du four et remontez le thermostat à 210 °C (th. 7).

Effritez la pâte sur les tomates.

Enfournez à nouveau pour 30 minutes.

Fenouil croquant et sauce à l'ail

Préparation : 10 minutes - Repos : 1 heure - Difficulté : ★ Budget : ★

Pour 4 personnes

- 2 bulbes de fenouil
- 200 g de fromage blanc
- 1 citron vert
- 1 tête d'ail
- Sel et poivre

Enlevez les feuilles extérieures et côtelées du fenouil ainsi que le vert pour ne conserver que le plus tendre.

Émincez-le finement à la mandoline. Réservez.

Battez le fromage blanc avec le citron.

Ajoutez l'ail écrasé.

Salez et poivrez généreusement.

Disposez le fenouil sur une assiette et présentez la sauce à part.

Remarque

Le fenouil n'a pas son pareil pour aider à la digestion. Vous pouvez le consommer cru ou cuit.

Gaspacho rapide

Préparation : 20 minutes - Repos : 24 heures - Difficulté : ★ Budget : ★

Pour 4 personnes

- 1 kg de tomates bien mûres
- 1 petit concombre
- 1 poivron rouge
- 1 oignon
- 2 gousses d'ail
- 1 cuil. à soupe d'huile d'olive
- Sel et poivre

Pelez les tomates et coupez en morceaux.

Épluchez le concombre et coupez-le en morceaux.

Faites de même avec l'oignon.

Nettoyez le poivron et coupez-le en morceaux.

Dans un grand saladier, mélangez les légumes avec l'huile d'olive, l'ail écrasé, le sel et le poivre.

Couvrez avec un papier film et laissez reposer au réfrigérateur pendant 24 heures.

Le lendemain, passez le tout au blender.

Servez très frais.

Pois chiches à la coriandre

Préparation : 10 minutes - Cuisson : 20 minutes - Repos : 1 heure - Difficulté : ★ Budget : ★

Pour 4 personnes

- 250 g de pois chiches en boîte
- 1 boîte de tomates concassées
- 2 gousses d'ail
- 1 cuil. à café de sucre en poudre
- ½ bouquet de coriandre
- 1 cuil. à soupe d'huile
- Sel et poivre

Égouttez les pois chiches, puis faites-les cuire 20 minutes dans l'eau bouillante salée. Égouttez.

Faites chauffer l'huile d'olive dans une poêle antiadhésive.

Mettez les pois chiches et les tomates concassées, le sucre, l'ail écrasé et la coriandre lavée. Salez et poivrez.

Laissez mijoter tout doucement pendant 20 minutes.

Laissez refroidir, puis placez au réfrigérateur pendant 1 heure.

Remarque

Si vous utilisez des pois chiches secs, vous devez les faire tremper la veille en changeant plusieurs fois l'eau de trempage.

Scampi en antipasti

Préparation : 15 minutes - Marinade : 2 heures - Cuisson : 10 minutes - Difficulté : ★ Budget : ★★

Pour 4 personnes

- 500 g de scampi crus
- 2 citrons verts
- 1 petit piment rouge
- 2 cuil. à soupe d'huile d'olive
- 1 cuil. à café de coriandre moulue
- Sel et poivre

Décortiquez les scampi à cru et coupez-les en deux dans la longueur.

Pressez les citrons.

Émincez finement le piment.

Placez les scampi à plats dans un plat creux.

Arrosez de jus de citron et d'huile d'olive.

Parsemez de piment et saupoudrez de coriandre.

Salez et poivrez.

Couvrez et laissez mariner 2 heures au frais.

Faites griller les scampi 5 minutes dans une poêle antiadhésive, sans matières grasses.

Servez aussitôt.

Salade d'aubergines grillées

Préparation : 15 minutes - Cuisson : 1 h 15 - Difficulté : ★ Budget : ★

Pour 4 personnes

- 2 aubergines
- 300 g de tomates
- 4 gousses d'ail
- 1 citron
- 1 botte de coriandre
- 1 botte de persil
- 1 cuil. à café de cumin
- 1 cuil. à café de paprika
- 2 cuil. à soupe d'huile d'olive
- Quelques olives noires
- Sel et poivre

Coupez les aubergines dans la longueur.

Faites-les griller au four pendant 40 minutes, à 210 °C (th. 7).

Laissez les refroidir. Ôter la queue et la peau.

Coupez-les en petits morceaux, puis écrasez-les à la fourchette.

Effeuillez et ciselez la coriandre et le persil.

Pelez les tomates et coupez-les en dés.

Pelez l'ail et écrasez-le à l'aide d'une fourchette.

Préparez un jus avec le citron.

Dans une poêle, faites revenir l'ensemble des ingrédients à petit feu dans l'huile d'olive.

Ajoutez les herbes, les tomates, les olives, les épices et le jus de citron.

Salez et poivrez le tout.

Laissez cuire à feu doux pendant 30 minutes.

Remarque

Cette salade peut aussi bien se déguster chaude que froide, selon vos envies.

Salade grecque

Préparation : 10 minutes - Difficulté : ★ Budget : ★

Pour 4 personnes

- 1 concombre
- 4 tomates
- 1 oignon
- 200 g de feta
- 100 g d'olives noires
- 1 cuil. à soupe de câpres
- Sel et poivre

Coupez le concombre en dés après l'avoir pelé.

Coupez les tomates en petits morceaux.

Émincez l'oignon en rondelles.

Répartissez les différents ingrédients dans des assiettes.

Coupez la feta en tranches fines dans le sens de la longueur.

Arrosez d'un petit filet d'huile d'olive.

Poivrez, puis ajoutez les olives et les câpres.

Servez bien frais.

Salade de riz

Préparation : 30 minutes - Cuisson : 20 minutes - Repos : 4 heures - Difficulté : ★★ Budget : ★

Pour 4 personnes

- 200 g de riz
- 20 g de gruyère allégé
- ½ concombre
- 4 tomates moyennes
- 4 cornichons
- 1 œuf dur
- 100 g de miettes de thon
- 100 g de surimi
- 20 cl de vinaigrette allégée
- Sel et poivre

Faites cuire le riz 20 minutes dans l'eau bouillante salée, puis passez-le sous l'eau froide. Égouttez.

Mélangez le riz à la vinaigrette.

Ajoutez le gruyère coupé en petits dés.

Coupez les cornichons en rondelles ainsi que l'œuf dur.

Mélangez le tout et ajoutez les miettes de thon et le surimi émietté.

Coupez le concombre et les tomates en rondelles.

Chemisez un moule avec un papier film.

Tapissez le fond avec les rondelles de concombre.

Versez la salade de riz et disposez dessus les rondelles de tomates.

Refermez le tout avec un papier film.

Mettez au frais pendant 4 heures et démoulez avant de servir.

Remarque

Attention au démoulage, qui peut être délicat. Tassez bien le riz pour que l'ensemble soit suffisamment compact.

Salade des quatre saisons

Préparation : 10 minutes - Cuisson : 20 minutes - Difficulté : ★ Budget : ★

Pour 4 personnes

- 1 boîte de thon au naturel
- 2 petites pommes de terre
- 1 poivron rouge
- 1 petite boîte de fonds d'artichauts au naturel
- 4 cuil. à soupe de persil haché
- 1 cuil. à café d'ail en poudre
- 1 cuil. à café de l'huile d'olive
- Sel et poivre

Faites cuire les pommes de terre en chemise dans de l'eau bouillante pendant 20 minutes. Réservez.

Épluchez-les et coupez-les en rondelles.

Émincez finement le poivron épépiné.

Coupez les fonds d'artichauts en quatre.

Émiettez le thon.

Mettez les pommes de terre dans un grand saladier.

Ajoutez tous les ingrédients et mélangez.

Servez le plat bien froid.

Soupe de pois chiches

Préparation : 10 minutes - Trempage : 24 heures - Cuisson : 4 heures - Difficulté : ★ Budget : ★

Pour 4 personnes

- 250 g de pois chiches
- 1 oignon
- 2 gousses d'ail hachées
- 2 carottes moyennes
- 12 feuilles de sauge
- Fleur de thym
- 4 belles feuilles de laitue
- 5 cl d'huile d'olive
- Sel et poivre du moulin

Faites tremper les pois chiches dans de l'eau froide.

Émincez l'oignon. Coupez les carottes en petits cubes.

Dans une cocotte, faites chauffer l'huile avec l'oignon, l'ail et les dés de carottes.

Faites suer à couvert pendant 3 minutes.

Ajoutez 2 l d'eau froide.

Lavez et égouttez les pois chiches, puis versez-les dans la cocotte.

Ajoutez 6 feuilles de sauge et une pincée de fleur de thym. Poivrez.

Laissez cuire à feu doux pendant 2 heures.

Salez et rectifiez l'assaisonnement.

Remettez à bouillir pendant 1 heure.

Ajoutez le reste des feuilles de sauge émincées.

Portez à nouveau à ébullition et rajoutez les feuilles de laitue. Laissez mijoter encore une heure.

Remarque

Cette soupe très consistante fait office de dîner si elle est servie dans de grandes assiettes. Complétez votre repas avec un fruit.

Tartines à l'ail et aux olives

Préparation : 10 minutes - Cuisson : 2 minutes - Difficulté : ★ Budget : ★

Pour 4 personnes

- 4 grandes tranches de pain de campagne
- 1 barquette de tomates cerise
- 8 olives noires dénoyautées
- 150 g de feta
- ½ botte de persil plat
- 2 gousses d'ail
- 1 cuil. à soupe d'huile d'olive
- Fleur de sel et poivre du moulin

Dans un mixeur, réduisez le persil avec l'ail et l'huile d'olive en une purée fine.

Assaisonnez avec le sel et le poivre.

Coupez les tomates et les olives en deux.

Sur chaque tranche de pain de campagne toastée, étalez un peu de feta émiettée.

Superposez les tomates et les olives.

Passez les tartines sous le gril pendant 2 minutes.

Arrosez avec la purée d'ail juste avant de servir.

Tartines au concombre et au fromage

Préparation : 10 minutes - Cuisson : 5 minutes - Difficulté : ★ Budget : ★

Pour 4 personnes

- 4 grandes tranches de pain de campagne
- ½ concombre
- 150 g de fromage blanc
- 4 tranches de jambon blanc
- 4 brins de ciboulette
- Sel et poivre

Coupez le concombre en dés et mélangez vivement avec le fromage blanc.

Salez et poivrez généreusement. Réservez.

Placez les tranches de pain 5 minutes sous le gril chaud.

Recouvrez chaque tranche de pain avec une tranche de jambon.

Tartinez généreusement de concombre au fromage.

Décorez de ciboulette et dégustez aussitôt.

Remarque

Cette recette peut tout à fait composer un déjeuner léger. Il suffit de terminer par un fruit pour que le repas soit équilibré.

Tzatziki sur pain aux céréales

Préparation : 20 minutes - Difficulté : ★ Budget : ★★

Pour 4 personnes

- 4 grandes tranches de pain aux céréales
- 4 filets de truite fumée
- 1 concombre
- 1 poignée de gros sel
- 300 g de yaourt grec
- 1 citron vert
- 2 gousses d'ail
- Sel et poivre

Râpez le concombre et mettez-le dans la passoire avec le gros sel.

Laissez dégorger 10 minutes, puis rincez abondamment.

Mélangez le yaourt avec le jus du citron, l'ail écrasé, le sel et le poivre.

Ajoutez le concombre râpé.

Passez le pain sous le gril 5 minutes.

Recouvrez chaque tartine d'un filet de truite puis tartinez de tzatziki.

Dégustez aussitôt.

Tzatziki en verrine aux deux couleurs

Préparation : 15 minutes - Cuisson : 2 minutes - Difficulté : ★ Budget : ★

Pour 4 personnes

- 1 concombre
- 1 poignée de gros sel
- 50 cl de coulis de tomates
- 1 cuil. à café de romarin
- 300 g de yaourt grec
- 1 citron vert
- 2 gousses d'ail
- Sel et poivre

Faites réduire le coulis de tomates de moitié avec le romarin.

Poivrez et laissez refroidir.

Râpez le concombre et mettez-le dans une passoire avec le gros sel.

Laissez dégorger 10 minutes, puis rincez abondamment.

Mélangez le yaourt avec le jus du citron, l'ail écrasé, le sel et le poivre.

Ajoutez le concombre râpé. Réservez.

Garnissez le fond des verrines avec le coulis parfumé et complétez avec le tzatziki.

Servez bien frais.

Remarque

Le mélange tomates-concombre peut surprendre, mais l'association est très rafraîchissante et le romarin relève le tzatziki.

Velouté de courgettes au basilic

Préparation : 15 minutes - Cuisson : 25 minutes - Difficulté : ★ Budget : ★

Pour 4 personnes

- 1 kg de courgettes
- 2 oignons
- ½ bouquet de basilic
- 1 cuil. à soupe d'huile d'olive
- Sel et poivre

Coupez les courgettes en petits dés.

Émincez les oignons.

Dans une marmite, faites revenir les oignons dans l'huile.

Ajoutez les courgettes et faites revenir 5 minutes.

Couvrez d'eau.

Salez et laissez cuire 15 minutes.

Effeuillez le basilic.

Dans le blender, mixez les courgettes avec le jus de cuisson et les feuilles de basilic.

Rectifiez l'assaisonnement si nécessaire.

Servez frais.

Velouté glacé de carottes au cumin

Préparation : 15 minutes - Cuisson : 30 minutes - Repos : 1 heure - Difficulté : ★ Budget : ★

Pour 4 personnes

- 1 kg de carottes
- 1 gousse d'ail
- 1 cube de bouillon de volaille
- 2 oranges
- 1 cuil. à soupe de cumin
- 1 cuil à soupe d'huile d'olive
- Sel et poivre

Épluchez les carottes et coupez-les en rondelles.

Épluchez la gousse d'ail.

Faites revenir l'ail et les carottes dans de l'huile d'olive.

Ajoutez le bouillon de volaille.

Ajoutez 75 cl d'eau.

Laissez mijoter, le temps d'attendrir les carottes, pendant 20 minutes environ.

Pressez les oranges.

Ajoutez le jus dans la préparation.

Ajoutez le cumin.

Mixez l'ensemble.

Versez dans un saladier et mettez au réfrigérateur.

Laissez reposer 1 heure avant de servir.

Verrines aux deux couleurs

Préparation : 15 minutes - Difficulté : ★ Budget : ★

Pour 4 personnes

- 2 avocats
- 2 échalotes
- 1 citron
- 1 boîte d'olives noires dénoyautées
- 1 cuil. à soupe d'huile d'olive
- 1 cuil. à café de piment moulu
- Sel et poivre

Coupez les avocats en morceaux.

Mixez-les avec le jus du citron et les échalotes.

Salez, poivrez et réservez.

Mixez les olives avec l'huile d'olive et le piment.

Remplissez les verrines avec un tiers d'olives et deux tiers d'avocat.

Remarque

Servez ces verrines en entrée, avec une belle portion de salade juste citronnée, car la verrine est déjà riche en lipides.

Verrines rafraîchissantes

Préparation : 15 minutes - Difficulté : ★ Budget : ★★

Pour 4 personnes

- 2 tomates bien mûres
- 2 tranches de saumon fumé
- 4 cuil. à soupe de crème fraîche allégée
- 1 cuil. à soupe de vinaigre balsamique
- 1 cuil. à soupe d'huile de noisette
- Fleur de sel et poivre gris moulu

Pelez et épépiner les tomates.

Coupez-les en dés.

Mélangez les tomates avec l'huile de noisette, le vinaigre balsamique, la fleur de sel et le poivre.

Mixez les tranches de saumon fumé avec la crème fraîche allégée.

Dans les verrines, alternez une couche de purée de tomates et une couche de crème au saumon.

Verrines crétoises

Préparation : 20 minutes - Difficulté : ★ Budget : ★

Pour 4 personnes

- 3 tomates
- 1 oignon rouge
- ½ concombre
- 1 citron
- 1 poivron jaune
- 20 olives noires dénoyautées
- 200 g de feta
- 1 cuil. à soupe d'huile d'olive
- Origan
- Sel et poivre

Pelez et épépinez les tomates.

Coupez-les en petits cubes.

Laissez-les macérer dans l'huile d'olive.

Assaisonnez. Réservez

Épluchez l'oignon et émincez-le.

Épluchez le concombre et coupez-le en petits morceaux.

Arrosez-le avec le jus du citron. Réservez.

Épépinez le poivron et coupez-le en petits morceaux.

Hachez les olives au couteau.

Dans un grand saladier, mélangez tous les ingrédients.

Ajoutez la feta émiettée et une pincée d'origan.

Réservez au frais.

Remplissez les verrines au moment de servir.

Aubergines farcies

Préparation : 1 h 10 - Cuisson : 35 minutes - Difficulté : ★ Budget : ★

Pour 4 personnes

- 2 aubergines moyennes
- 150 de mozzarella
- 1 oignon
- 1 cuil. à soupe d'huile d'olive
- 1 cuil. à soupe de sarriette et de persil hachés
- Gros sel, sel et poivre

Coupez les aubergines en deux dans le sens de la longueur.

Retirez la pulpe et laissez dégorger à l'envers pendant 1 heure.

Préchauffez le four à 180 °C (th. 6).

Épluchez l'oignon et hachez-le avec la pulpe des aubergines.

Dans une sauteuse, faites chauffer l'huile et faites revenir la farce pendant 5 minutes.

Salez et poivrez.

Découpez le fromage en dés et ajoutez à la farce.

Mélangez le tout avec des herbes.

Retirez l'excédent d'eau des aubergines en les pressant.

Déposez les aubergines dans un plat à gratin.

Passez-les au four 30 minutes avant de servir.

Servez le plat chaud.

Remarque

Caractéristique du régime méditerranéen, l'aubergine est présente dans de nombreux plats. Cependant, elle présente l'inconvénient d'absorber les graisses de cuisson. Utilisez donc très peu d'huile et préférez la cuisson au four.

Aubergines farcies végétariennes

Préparation : 15 minutes - Cuisson : 50 minutes - Difficulté : ★ Budget : ★

Pour 4 personnes

- 200 g de couscous fin
- 4 petites aubergines
- 250 g de tofu
- 2 gousses d'ail
- 1 tige de basilic
- 1 cuil. à soupe de graines de sésame
- 1 cuil. à soupe d'huile d'olive
- Sel et poivre

Préchauffez le four à 210 °C (th. 7).

Mouillez le couscous avec 25 cl d'eau et 1 cuil. à soupe de l'huile d'olive.

Couvrez et laissez gonfler.

Faites blanchir les aubergines pendant 5 minutes et laissez refroidir.

Coupez-les dans la longueur sur les deux tiers et retirez la pulpe.

Mixer la pulpe avec le basilic et l'ail épluché.

Salez et poivrez.

Faites torréfier légèrement les graines de sésame à sec.

Dans un saladier, mélangez le couscous, le tofu coupé en dés et les graines de sésame.

Remplissez les aubergines avec cette farce.

Recouvrez d'une feuille de papier aluminium et enfournez pendant 45 min.

Carpaccio de Saint-Jacques sur lit de fenouil

Préparation : 20 minutes - Repos : 30 minutes - Difficulté : ★ Budget : ★★

Pour 4 personnes

- 8 noix de Saint-Jacques
- 1 bulbe de fenouil
- 3 endives
- 2 citrons
- 1 cuil. à soupe d'huile de noix
- 1 cuil. à soupe de ciboulette hachée
- Sel et poivre du moulin

Parez le fenouil et râpez la chair à la mandoline.

Lavez les endives et retirez le pied.

Coupez les feuilles dans le sens de la longueur.

Dans un saladier, mélangez les endives et le fenouil.

Salez, poivrez et ajoutez le jus des citrons.

Disposez la salade à plat sur une grande assiette de service.

Essuyez les noix de Saint-Jacques sur un papier absorbant.

Émincez-les dans l'épaisseur pour obtenir 3 ou 4 fines rondelles.

Disposez les noix émincées au-dessus du fenouil.

Salez et poivrez.

Arrosez d'huile de noix et laissez reposer au frais 30 minutes environ.

Parsemez de ciboulette au moment de servir.

Remarque

Pour les soirs de fête, ajoutez quelques copeaux de truffe sur les Saint-Jacques, c'est tout simplement divin !

Fèves à la tomate

Trempage : 12 heures - Préparation : 10 minutes - Cuisson : 50 minutes - Difficulté : ★ Budget : ★

Pour 4 personnes

- 500 g de fèves
- ½ oignon
- 5 cl de vin blanc sec
- 20 cl de coulis de tomates
- 1 gousse d'ail
- 1 bouquet garni
- 1 cuil. à soupe d'huile d'olive
- Sel et poivre

Faites tremper les fèves pendant 12 heures dans de l'eau froide. Égouttez.

Dans de l'eau bouillante salée, faites-les cuire avec le bouquet garni pendant 30 minutes.

Faites dorer l'oignon 5 minutes dans l'huile.

Ajoutez le vin blanc et faites réduire à sec.

Ajoutez le coulis de tomates et la gousse d'ail.

Laissez mijoter à feu doux pendant 10 minutes environ, puis ajoutez les fèves.

Poursuivez la cuisson pendant 5 minutes.

Rectifiez l'assaisonnement si nécessaire et servez.

Fèves aux épices

Trempage : 12 heures - Préparation : 10 minutes - Cuisson : 55 minutes - Difficulté : ★ Budget : ★

Pour 4 personnes

- 500 g de fèves
- 1 oignon
- 1 gousse d'ail
- 25 cl de coulis de tomates
- 25 cl de bouillon de légumes
- 1 cuil. à café de ras-el-hanout
- 1 cuil. à café de quatre-épices
- 1 cuil. à café de piment
- 1 cuil. à soupe d'huile d'olive
- Sel et poivre

Faites tremper les fèves dans de l'eau froide pendant 12 heures. Égouttez.

Faites-les cuire dans un grand volume d'eau salée pendant 30 minutes.

Faites revenir l'ail et l'oignon hachés dans un faitout avec l'huile.

Ajoutez le coulis de tomates, puis le bouillon. Mélangez bien.

Saupoudrez avec les épices.

Salez et poivrez légèrement.

Laissez réduire pendant 15 minutes et versez les fèves égouttées.

Terminez la cuisson sur feu doux pendant 10 minutes.

Remarque

Bien pourvue en protéines et en fibres, la fève est très intéressante dans un programme minceur car elle est rassasiante et facilite le transit.

Flétan aux herbes fraîches

Préparation : 5 minutes - Cuisson : 10 minutes - Difficulté : ★ Budget : ★

Pour 4 personnes

- 4 filets de flétan
- 2 citrons verts
- 1 l de fumet de poisson
- 4 cuil. à soupe de fines herbes ciselées
- Sel et poivre

Portez à ébullition le fumet de poisson dans une marmite.

Pressez les citrons et mélangez le jus avec les fines herbes. Réservez.

Essuyez les filets avec du papier absorbant.

Salez et poivrez.

Plongez-les dans le fumet et laissez-les cuire à gros bouillons pendant 10 minutes.

Égouttez les poissons.

Servez-les nappés de sauce citron.

Flétan et sa sauce verte

Préparation : 5 minutes - Cuisson : 10 minutes - Difficulté : ★ Budget : ★

Pour 4 personnes

- 4 filets de flétan
- 1 avocat
- Le jus de ½ citron
- 4 cuil. à soupe de câpres
- ½ cuil. à café de wasabi
- 1 cuil. à soupe de farine
- 1 cuil. à soupe d'huile
- Sel et poivre

Pelez l'avocat et coupez-le en petits morceaux.

Ajoutez les câpres et mixez l'ensemble,

Rajoutez le wasabi ainsi que le jus du demi-citron.

Réservez au frais.

Dans une poêle, faire cuire les filets de flétan préalablement farinés, salés et poivrés.

Dresser le poisson sur une assiette et présentez avec la sauce dans une coupelle.

Galette de polenta à l'origan

Préparation : 15 minutes - Cuisson : 15 minutes - Repos : 2 heures - Difficulté : ★★ Budget : ★

Pour 4 personnes

- 250 g de polenta
- ½ cuil. à café de sel
- 1 cuil. à café d'origan
- 1 cuil. à soupe d'huile d'olive
- Sel et poivre du moulin

Dans une casserole, portez à ébullition 1 l d'eau avec ½ cuil. à café de sel, puis baissez le feu.

Versez la polenta en pluie, tout en remuant.

Remuez jusqu'à ce que le mélange épaississe.

Ajoutez l'origan, poivrez et mélangez.

Étalez la polenta sur une plaque recouverte de papier sulfurisé, sur une épaisseur de 10 mm.

Lissez la surface.

Laissez refroidir pendant 2 heures, au frais.

Démoulez sur une planche.

Détaillez la polenta à l'aide d'un emporte-pièce ou découpez-la en triangles.

Faites dorer les galettes de polenta dans une poêle avec l'huile d'olive pendant 5 minutes.

Remarque

La polenta, de la semoule de maïs typique de l'Italie, remplace avantageusement la semoule de blé dans certaines recettes. Elle peut également se consommer comme du pain.

Moules et coques marinières

Préparation : 5 minutes - Cuisson : 5 minutes - Difficulté : ★ Budget : ★★

Pour 4 personnes

- 1 kg de coques
- 1 kg de moules
- 2 oignons
- 25 cl de vin blanc
- 25 cl de fumet de poisson
- 1 cuil. à soupe d'huile d'olive
- Sel et poivre

Lavez soigneusement les moules et les coques.

Dans une marmite, faites revenir les oignons hachés dans l'huile.

Salez et poivrez.

Jetez les moules et les coques quand le mélange commence à suer.

Mouillez avec le vin blanc et le fumet de poisson.

Laissez cuire 5 minutes sur feu moyen.

Moussaka légère

Préparation : 20 minutes - Cuisson : 35 minutes - Difficulté : ★ Budget : ★★

Pour 4 personnes

- 250 g de bœuf haché
- 2 aubergines
- 1 oignon haché
- 1 gousse d'ail hachée
- 1 boîte de tomates concassées
- 1 cuil. à café de concentré de tomate
- 1 citron
- 2 œufs
- 1 botte de persil haché
- 1 cuil. à café de cumin
- 1 cuil. à soupe d'huile d'olive
- 50 g de fromage râpé allégé
- Sel et poivre

Préchauffez le four à 210 °C (th. 7).

Coupez les aubergines en tranches dans le sens de la longueur, après avoir enlevé le pédoncule.

Placez-les sur une plaque du four. Salez et poivrez.

Enfournez pour 10 minutes, jusqu'elles soient dorées.

Retournez-les de l'autre côté et réservez.

Faites revenir l'oignon et l'ail haché à feu doux, dans 1 cuil. d'huile d'olive.

Ajoutez le concassé et le concentré de tomate, puis le persil et le cumin.

Salez et poivrez.

Ajoutez le bœuf haché.

Remuez le tout et laisser mijoter pendant 10 minutes.

Battez les œufs en omelette et ajoutez le jus du citron.

Disposez une couche d'aubergines grillées dans un plat et couvrez avec une couche de viande. Alternez les aubergines et la viande jusqu'à épuisement des ingrédients.

Versez les œufs en omelette et saupoudrez de fromage râpé.

Mettez au four pour une dizaine de minutes.

Parmentier de poisson

Préparation : 15 minutes - Cuisson : 55 minutes - Difficulté : ★ Budget : ★★

Pour 4 personnes

- 600 g de filet de cabillaud
- 1 kg de pommes de terre à purée
- 30 cl de lait
- 3 tomates
- 2 oignons
- 1 gousse d'ail émincée
- 1 feuille de laurier
- 1 cuil. à soupe d'huile
- Sel et poivre

Préchauffez le four à 210 °C (th. 7).

Faites cuire les pommes de terre épluchées dans de l'eau bouillante salée, pendant 30 minutes environ.

Égouttez-les et passez-les au presse-purée.

Faites bouillir le lait, puis mélangez le lait avec les pommes de terre. Salez et poivrez. Gardez au chaud.

Lavez et épépinez les tomates, puis coupez-les en petits morceaux. Pelez les oignons et coupez-les en rondelles.

Faites revenir doucement les tomates et les oignons dans l'huile.

Incorporez les filets de poisson avec l'ail émincé.

Ajoutez la feuille de laurier, salez et poivrez. Laissez mijoter 10 minutes, retirez le laurier.

Dans un plat à four, mettez au fond les filets de poisson avec le mélange tomates-oignons. Ajoutez la purée par-dessus.

Enfournez pour 10 minutes.

Remarque

Vous pouvez alléger la purée en mixant, par moitié, des pommes de terre et du céleri. Ce dernier se marie par ailleurs très bien avec le poisson.

Parmentier de fruits de mer

Préparation : 15 minutes - Cuisson : 40 minutes - Difficulté : ★ Budget : ★

Pour 4 personnes

- 1 sachet de fruits de mer surgelés
- 1 kg de pommes de terre
- 2 échalotes hachées
- 15 cl de vin blanc
- 1 cuil. à soupe de fumet de poisson
- 15 cl de crème fraîche allégée
- 25 cl de lait demi-écrémé
- 2 cuil. à soupe de persil haché
- 1 cuil. à soupe d'huile d'olive
- Sel et poivre

Épluchez les pommes de terre puis faites-les cuire dans de l'eau bouillante salée, pendant 30 minutes environ.

Dégelez les fruits de mer dans une poêle et égouttez-les.

Dans une sauteuse, mettez à chauffer le vin blanc avec les fruits de mer et les échalotes.

Incorporez le fumet de poisson et la crème fraîche allégée.

Faites épaissir.

Égouttez les pommes de terre et passez-les au presse-purée.

Ajoutez le lait chaud demi-écrémé, l'huile d'olive et 1 cuil. à soupe de persil haché.

Remplissez le fond d'un plat avec les fruits de mer.

Ajoutez la purée, parsemez de persil et servez aussitôt.

Pavé de thon aux trois poivrons

Préparation : 15 minutes - Cuisson : 20 minutes - Difficulté : ★ Budget : ★★

Pour 4 personnes

- 4 pavés de thon de 150 g chacun
- 1 poivron rouge
- 1 poivron vert
- 1 poivron jaune
- 1 cuil. à café de harissa
- 1 cuil. à soupe de concentré de tomate
- 1 brin de thym
- 2 cuil. à soupe d'huile d'olive
- Sel et poivre

Préchauffez le four à 210 °C (th. 7).

Coupez les poivrons en morceaux.

Faites-les griller dans une poêle chaude, en les retournant de temps en temps.

Terminez la cuisson des poivrons au four pendant 5 minutes.

Dans un bol, fouettez l'huile d'olive avec la harissa, le concentré de tomate et le thym.

Assaisonnez les pavés de thon.

Dans une poêle, faites saisir les pavés de thon pendant 2 minutes de chaque côté.

Faites réchauffer à feux très doux, le mélange huile d'olive, tomate, harissa et thym.

Présentez les pavés de thon accompagnés des poivrons grillés et arrosez avec le mélange à l'huile d'olive.

Remarque

Le thon a tendance à se dessécher à la cuisson. Maîtrisez la température pour qu'il soit juste rosé à cœur.

Pavé de thon et sauce tomate épicée

Préparation : 15 minutes - Cuisson : 35 minutes - Difficulté : ★ Budget : ★★

Pour 4 personnes

- 4 pavés de thon bien réguliers (de 150 g chacun environ)
- 16 olives vertes dénoyautées
- 16 cornichons
- 3 cuil. à café de câpres
- 1 cuil. à soupe d'huile d'olive
- Sel et poivre

Pour la sauce

- 1 oignon
- 1 gousse d'ail
- 1 boîte de pulpe de tomate
- 1 branche de thym
- 2 feuilles de laurier
- 1 cuil. à soupe d'huile d'olive
- Sel et poivre

Faites revenir l'oignon et l'ail émincés dans l'huile d'olive.

Ajouter la pulpe de tomate, le laurier, le thym, le sel et poivre.

Laissez mijoter à couvert et à petit feu pendant 20 minutes.

Faites chauffer l'huile et saisissez les pavés de thon 5 minutes de chaque côté.

Déposez-les sur une grille.

Coupez les cornichons en rondelles.

Ajoutez les olives dénoyautées, les cornichons et les câpres dans la sauce.

Terminez la cuisson pendant 5 minutes.

Vérifiez l'assaisonnement et rectifiez si nécessaire.

Servez les pavés de thon nappés de la sauce.

Pissaladière

Préparation : 20 minutes - Cuisson : 50 minutes - Difficulté : ★ Budget : ★

Pour 4 personnes

- 1 rouleau de pâte à pizza
- 600 g d'oignons
- 200 g d'anchois à l'huile
- 10 olives noires
- 1 cuil. à soupe de sucre en poudre
- 1 cuil. à café d'herbes de Provence
- 1 cuil. à soupe de l'huile d'olive
- Sel et poivre

Préchauffez le four à 210 °C (th. 7).

Émincez finement les oignons.

Dans une poêle, faites-les revenir doucement dans l'huile d'olive.

Ajoutez le poivre, les herbes et le sucre en poudre.

Laissez compoter 15 minutes.

Mélangez quelques anchois aux oignons afin qu'ils prennent leur parfum.

Étalez la pâte à pain sur une plaque du four recouverte d'un papier sulfurisé.

Versez la préparation sur la pâte.

Ajoutez les anchois et les olives.

Enfournez pour 30 minutes.

Pissaladière végétale

Préparation : 20 minutes - Cuisson : 40 minutes - Difficulté : ★ Budget : ★

Pour 4 personnes

- 1 rouleau de pâte à pizza
- 600 g d'oignons
- 1 poivron vert
- 2 belles tomates
- 10 olives noires
- 1 cuil. à soupe de sucre en poudre
- 1 cuil. à café d'herbes de Provence
- 1 cuil. à soupe de l'huile d'olive
- Sel et poivre

Préchauffez le four à 210 °C (th. 7).

Émincez finement les oignons et le poivron épépiné.

Coupez les tomates en rondelles fines.

Dans une poêle, faites revenir doucement les oignons dans l'huile d'olive.

Ajoutez le sel, le poivre, les herbes et le sucre en poudre.

Laissez compoter 10 minutes.

Étalez la pâte à pain sur une plaque du four recouverte d'un papier sulfurisé.

Étalez les oignons.

Disposez dessus les rondelles de tomates et le poivron, puis les olives.

Enfournez pour 30 minutes.

Remarque

Du pain, des légumes grillées et un peu d'huile d'olive : cette recette est parfaitement équilibrée et très simple à réaliser.

Polenta aux tomates séchées

Préparation : 10 minutes - Cuisson : 35 minutes - Difficulté : ★ Budget : ★

Pour 4 personnes

- 250 g de polenta
- 250 g de tomates séchées
- 50 cl de lait demi-écrémé
- 50 cl de bouillon de légumes
- 1 cuil. à soupe d'huile
- Sel et poivre

Coupez les tomates séchées en fines lamelles et réservez.

Portez à ébullition le lait et le bouillon.

Aux premiers bouillons, jetez doucement la polenta en pluie, en remuant pour éviter les grumeaux.

Laissez cuire sur feu moyen pendant 30 minutes, en remuant régulièrement.

Ajoutez les tomates séchées et mélangez.

Dégustez aussitôt.

Supions en habit rouge

Préparation : 10 minutes - Cuisson : 45 minutes - Difficulté : ★ Budget : ★★

Pour 4 personnes

- 1 kg de petits supions vidés et nettoyés
- 4 oignons
- 1 gousse d'ail
- 1 l de coulis de tomates
- 1 cuil. à soupe de l'huile d'olive
- Sel et poivre

Faites revenir l'ail et les oignons émincés dans un filet d'huile d'olive.

Ajoutez les supions.

Laissez colorer sur feu doux.

Ajoutez le coulis de tomates.

Laissez mijoter pendant 10 minutes à découvert.

Couvrez et laisser cuire pendant 30 minutes environ, à feu tout doux.

Remarque

Servez les supions avec un bol de riz, délicat et parfumé, comme du riz basmati par exemple.

Supions en ragoût

Préparation : 10 minutes - Cuisson : 40 minutes - Difficulté : ★ Budget : ★★

Pour 4 personnes

- 800 g de supions
- 2 tomates
- 2 oignons
- 1 gousse d'ail
- 25 cl de vin blanc
- 1 cuil. à café de piment de Cayenne
- 1 cuil. à soupe de persil haché
- 1 cuil. à soupe d'huile d'olive
- Sel et poivre

Lavez, pelez et épépinez les tomates.

Coupez-les en petits dés, puis égouttez-les et salez.

Rincez les supions et égouttez-les.

Émincez les oignons pelés et faites-les revenir dans 1 cuil. à soupe d'huile avec l'ail écrasé.

Ajoutez les supions. Salez et poivrez.

Faites revenir le tout sur feu assez vif pendant 5 minutes, puis mouillez avec le vin blanc.

Ajoutez les tomates en dés et le piment.

Couvrez et laissez mijoter pendant 30 minutes sur feu doux.

Saupoudrez de persil au moment de servir.

Tagliatelle au pesto

Préparation : 10 minutes - Cuisson : 50 minutes - Difficulté : ★ Budget : ★

Pour 4 personnes

- 240 g de tagliatelles
- 4 gousses d'ail
- 50 g de pignons
- ½ bouquet de basilic frais
- 80 g de parmesan
- 2 cuil. à soupe d'huile d'olive
- Sel et poivre

Pelez l'ail et coupez-le en petits morceaux.

Pilez-le au mortier avec les pignons.

Lavez les feuilles de basilic.

Émincez-les, puis pilez-les également.

Salez, poivrez et pilez jusqu'à l'obtention d'une pâte.

Incorporez l'huile d'olive et mélangez bien.

Faites cuire les tagliatelles 10 minutes dans l'eau bouillante salée.

Égouttez-les.

Mélangez-les avec le pesto, saupoudrez de parmesan et servez aussitôt.

Remarque

Le pesto reste une sauce assez calorique. Pour l'alléger, vous pouvez l'émulsionner, par moitié, avec de l'huile d'olive et du jus de citron.

Tagliatelle aux tomates séchées

Préparation : 10 minutes - Cuisson : 15 minutes - Difficulté : ★ Budget : ★

Pour 4 personnes

- 240 g de tagliatelles
- ½ bouquet de persil
- 100 g de tomates séchées
- 1 gousse d'ail
- 1 cuil. à soupe de coulis de tomates
- Piment fort
- 1 cuil. à soupe d'huile d'olive
- Sel et poivre

Lavez le persil et hachez-le finement.

Lavez les tomates et hachez-les finement.

Épluchez la gousse d'ail et hachez-la finement

Faites bouillir de l'eau salée dans une grande marmite.

À ébullition, longez les tagliatelles et laissez cuire 10 minutes.

Égouttez, puis remettez dans la marmite avec le coulis de tomates, l'huile d'olive, l'ail, le persil, une pincée de piment et les tomates séchées.

Faites revenir 5 minutes, en mélangeant sans cesse.

Servez bien chaud.

Torti multicolores

Préparation : 10 minutes - Cuisson : 20 minutes - Difficulté : ★ Budget : ★

Pour 4 personnes

- 300 g de tortis multicolores
- 200 g de champignons de Paris en boîte
- 200 g de crème fraîche allégée
- 150 g de dés de jambon
- 3 jaunes d'œufs
- 1 cuil. à soupe d'huile d'olive
- Sel et poivre

Faites revenir les champignons égouttés dans de l'huile d'olive.

Mélangez la crème fraîche allégée avec les jaunes d'œufs. Salez et poivrez.

Faites cuire les tortis 10 minutes dans un grand volume d'eau salée.

Égouttez-les.

Dans un saladier, mélangez rapidement les tortis avec les champignons, les dés de jambon et la sauce à la crème.

Réchauffez sur feu doux pendant 5 minutes.

Remarque

Pour une recette plus légère, vous pouvez remplacer la sauce à la crème par une sauce tomate-basilic.

Riz complet au tofu et aux champignons

Préparation : 10 minutes - Trempage : 30 minutes - Cuisson : 30 minutes - Difficulté : ★ Budget : ★

Pour 4 personnes

- 250 g de riz long grain
- 50 g de champignons noirs
- 250 g de tofu
- 1 botte d'oignons de printemps
- 25 cl de bouillon de légumes
- 4 cuil. à soupe de sauce de soja
- 1 cuil. à soupe de sauce d'huîtres
- Sel et poivre

Faites gonfler les champignons 30 minutes dans l'eau froide.

Coupez les pieds et émincez-les.

Faites chauffer le bouillon de légumes, diluez dedans la sauce de soja et la sauce d'huître. Poivrez.

Débitez le tofu en petits dés et mettez-le dans le mélange.

Remuez délicatement et laissez mariner quelques instants.

Ajoutez le riz et les oignons émincés.

Laissez cuire 20 minutes.

Remarque

En principe, le riz aura absorbé tout le liquide, mais, s'il reste un peu de bouillon, égouttez le riz avant de servir.

Riz revenu aux poivrons

Préparation : 15 minutes - Cuisson : 40 minutes - Difficulté : ★ Budget : ★

Pour 4 personnes

- 240 g de riz basmati
- 2 poivrons rouges
- 1 poivron vert
- 2 oignons
- 2 gousses d'ail
- 1 cuil. à café de cumin
- 2 cuil. à soupe de thym
- 2 cuil. à soupe d'huile d'olive
- Sel et poivre noir

Émincez l'oignon.

Coupez les poivrons en petits morceaux.

Faites revenir les oignons et l'ail écrasé dans de l'huile chaude.

Ajoutez les poivrons.

Assaisonnez avec le sel, le poivre, le cumin et le thym.

Laissez cuire le tout environ 15 minutes à couvert. Réservez hors du feu.

Faites cuire le riz 20 minutes dans un grand volume d'eau salée, puis égouttez-le.

Versez le riz dans la poêle avec les poivrons.

Faites revenir le tout 5 minutes.

Saint-Jacques en chaud-froid

Préparation : 10 minutes - Cuisson : 15 minutes - Difficulté : ★ Budget : ★★

Pour 4 personnes

- 8 noix de Saint-Jacques
- 1 citron vert
- 10 cl de vinaigre balsamique
- 10 cl de vin rouge
- Fleur de sel et poivre du moulin

Émincez les Saint-Jacques dans le sens de la hauteur avec un couteau très aiguisé.

Posez-les à plat sur une assiette de service.

Pressez le citron vert.

Arrosez les noix émincées de citron.

Salez à la fleur de sel et poivrez au moulin.

Dans une casserole, faites réduire le vin et le vinaigre sur feu moyen.

Quand le mélange a réduit de moitié, nappez légèrement les noix crues.

Servez immédiatement.

Brochettes aux deux melons

Préparation : 15 minutes - Repos : 1 heure - Difficulté : ★ Budget : ★

Pour 4 personnes

- 1 melon de Cavaillon
- ½ melon jaune
- 1 barquette de framboises
- 50 g de fructose
- Quelques feuilles de menthe

Lavez délicatement les framboises.

Débitez le melon jaune et le melon de Cavaillon en gros cubes.

Épépinez-les au besoin.

Confectionnez des brochettes en alternant les morceaux de melon, les framboises et les feuilles de menthe sur des piques en bois.

Placez dans un plat et saupoudrez de fructose.

Laissez reposer au frais 1 heure avant de déguster.

Fraises au vin

Préparation : 10 minutes - Repos : 1 heure - Difficulté : ★ Budget : ★★

Pour 4 personnes

- 2 barquettes de fraises
- 40 cl de vin rouge
- 1 cuil. à café d'extrait de vanille
- 20 g de fructose
- 1 citron

Lavez délicatement les fraises, équeutez-les et coupez-les en deux.

Mettez-les dans un grand saladier et saupoudrez de fructose.

Couvrez avec le vin rouge.

Ajoutez la vanille.

Couvrez avec un papier film et entreposez au frais pour 1 heure minimum.

Remarque

Le vin rosé peut être une alternative rafraîchissante au vin rouge. Mais, dans tous les cas, choisissez un vin de qualité.

Gratin de poires aux pistaches

Préparation : 10 minutes - Cuisson : 15 minutes - Difficulté : ★ Budget : ★

Pour 4 personnes

- 4 poires
- 2 cuil. à soupe de pistaches
- 1 brique de lait de soja
- 1 cuil. à soupe d'aspartame
- 1 gousse de vanille

Épluchez et épépinez les poires, puis coupez-les en fines lamelles.

Concassez les pistaches avec le rouleau à pâtisserie.

Fendez la gousse de vanille et récupérez les graines.

Portez à ébullition le lait de soja avec l'aspartame, les graines et la gousse de vanille.

À ébullition, arrêtez le feu et laissez infuser 10 minutes.

Disposez les poires en cercle dans de petites assiettes rondes.

Arrosez de sauce vanille.

Parsemez de pistaches.

Passez sous le gril chaud pendant 5 minutes.

Quinoa aux fruits secs

Préparation : 10 minutes - Cuisson : 10 minutes - Difficulté : ★ Budget : ★

Pour 4 personnes

- 150 g de quinoa
- 100 g d'abricots secs
- 100 g de pruneaux secs
- 100 g de raisins blonds

Faites cuire le quinoa rincé pendant 10 minutes, dans deux fois son volume d'eau salée. Égouttez.

Coupez les abricots et les pruneaux en petits morceaux.

Mélangez intimement le quinoa avec les fruits secs.

Faites réchauffer 2 minutes au micro-ondes et servez tiède.

Remarque

Les fruits secs sont un véritable concentré d'énergie car ils regorgent de nutriments. Prenez l'habitude d'en consommer régulièrement mais en petites quantités, car ils sont plus caloriques que les fruits frais.

Milk-shake aux pêches

Préparation : 10 minutes - Difficulté : ★ Budget : ★

Pour 4 personnes

- 500 g de pêches bien mûres
- 2 yaourts à 0 % de MG
- 50 cl de lait demi-écrémé
- 1 sachet de sucre vanillé

Coupez les pêches épluchées et dénoyautées en morceaux.

Placez les morceaux de pêche dans le blender avec les yaourts, le lait et le sucre vanillé.

Mixez jusqu'à ce que le mélange soit mousseux.

Servez aussitôt dans des verres.

Milk-shake aux mûres

Préparation : 10 minutes - Difficulté : ★ Budget : ★★

Pour 4 personnes

- 500 g de mûres
- 2 yaourts à 0 % de MG
- 50 cl de lait demi-écrémé
- 1 sachet de sucre vanillé
- 20 g de fructose

Lavez délicatement les mûres.

Mixez-les dans le blender avec les yaourts, le lait, le sucre et le fructose.

Arrêtez quand le mélange est bien mousseux.

Goûtez et ajoutez un peu de fructose supplémentaire si besoin.

Servez immédiatement dans des verres.

Remarque

Lorsque vous utilisez des mûres dans vos préparations, pensez à augmenter le dosage en sucre pour pallier l'acidité des fruits.

Yaourt grec sur lit de miel

Préparation : 10 minutes - Difficulté : ★ Budget : ★

Pour 4 personnes

- 4 yaourts grecs
- 100 g de miel liquide
- 4 cuil. à café de confiture de mûres

Battez les yaourts.

Tapissez des verrines avec 1 cuil. à soupe de miel liquide.

Remplissez ensuite de yaourt à la grecque.

Déposez 1 cuil. à café de confiture au milieu du yaourt.

Réservez au frais avant de servir.

Remarque

Le yaourt tient une place importante dans la diète méditerranéenne. Bien pourvu en protéines et en calcium, c'est un aliment de choix dans un programme alimentaire équilibré.

Pêches au sirop

Préparation : 10 minutes - Cuisson : 10 minutes - Difficulté : ★ Budget : ★

Pour 4 personnes

- 500 g de pêches bien mûres
- 1 gousse de vanille
- 1 cuil. à soupe de sucre de canne
- 1 cuil. à café de cardamome

Pelez les pêches et dénoyautez-les, en évitant d'abîmer les oreillons.

Placez les oreillons dans une casserole avec la gousse de vanille entière, le sucre de canne et les graines de cardamome.

Couvrez d'eau et portez à ébullition.

À ébullition, baissez le feu et laissez infuser 10 minutes sur feu doux.

Retirez la vanille et la cardamome avant de servir et dégustez.

Salade d'été

Préparation : 15 minutes - Repos : 1 heure - Difficulté : ★ Budget : ★

Pour 4 personnes

- ¼ de pastèque
- 4 nectarines
- 1 barquette de « Mara des bois »
- 1 citron vert
- 20 g de fructose
- Quelques feuilles de menthe

Lavez délicatement les « Mara des bois ». Réservez.

Coupez les nectarines épluchées en petits morceaux.

Débitez la pastèque épépinée en petits morceaux.

Mélangez les fruits dans un saladier.

Pressez le citron et versez le jus.

Saupoudrez de fructose.

Ajoutez les feuilles de menthe.

Couvrez et laissez reposer 1 heure au frais.

Soupe de fraise à la lavande

Préparation : 10 minutes - Cuisson : 10 minutes - Difficulté : ★ Budget : ★

Pour 4 personnes

- 500 g de fraises
- 10 cl de glucose
- 1 sachet de sucre vanillé
- 1 cuil. à café de graines de lavande

Lavez délicatement les fraises et coupez-les en quatre.

Faites chauffer 50 cl d'eau avec le glucose et le sucre vanillé.

À ébullition, baissez le feu et ajoutez les fraises.

Laissez doucement mijoter pendant 10 minutes.

Servez froid, en parsemant avec des graines de lavande.

Remarque

Le glucose se trouve dans les magasins spécialisés. À défaut, vous pouvez utiliser du sucre de canne.

Aubergines au sésame et à l'ail

Préparation : 15 minutes - Cuisson : 15 minutes - Difficulté : ★ Budget : ★

Pour 4 personnes

- 2 aubergines
- 3 gousses d'ail
- 1 cuil. à soupe de sésame
- 1 cuil. à soupe d'huile d'olive
- Gros sel
- Sel et poivre

Coupez les aubergines débarrassées de leur pédoncule en gros dés.

Mettez-les dans une passoire avec une pincée de gros sel et laissez-les dégorger 10 minutes.

Rincez abondamment.

Faites revenir les aubergines dans l'huile d'olive avec l'ail écrasé pendant 15 minutes sur feu moyen.

Ajoutez le sésame, mélangez à nouveau et servez aussitôt.

Remarque

Il est intéressant de manger les aubergines avec leur peau, car elle renferme un maximum d'antioxydants et de vitamines.

Aubergines en gratin

Préparation : 20 minutes - Cuisson : 40 minutes - Difficulté : ★ Budget : ★

Pour 4 personnes

- 2 aubergines
- 4 courgettes
- 4 tomates
- 1 l de coulis de tomates
- 1 cuil. à soupe d'herbes de Provence
- 100 g de feta
- Sel et poivre

Préchauffez le four à 210 °C (th. 7).

Coupez les légumes en rondelles fines.

Faites chauffer le coulis de tomates avec les herbes de Provence.

Salez et poivrez.

Disposez les légumes dans un plat à gratin en les superposant.

Salez et poivrez à nouveau.

Couvrez de coulis.

Parsemez de feta émiettée.

Enfournez pour 40 minutes.

Champignons à la grecque

Préparation : 15 minutes - Cuisson : 15 minutes - Repos : 1 heure - Difficulté : ★ Budget : ★

Pour 4 personnes

- 500 g de petits champignons de Paris
- 15 petits oignons blancs (surgelés ou frais)
- ½ verre de vin blanc sec
- Le jus de 1 citron
- 1 branche de thym
- ½ feuille de laurier
- 1 cuil. à café de graines de coriandre
- ¼ de botte de coriandre fraîche
- 1 cuil. à soupe d'huile d'olive
- Sel et poivre du moulin

Coupez les oignons en 4 morceaux.

Faites les revenir dans l'huile d'olive.

Ajoutez les champignons de Paris et laissez mijoter doucement pendant 5 minutes.

Salez légèrement.

Ajoutez le vin blanc et le jus de citron.

Faites réduire de moitié.

Ajoutez le thym, le laurier, les graines de coriandre et donnez un tour de moulin.

Faites cuire pendant 5 minutes à couvert.

Versez le mélange dans un plat et laissez refroidir.

Mettez au réfrigérateur pendant 1 heure au moins avant de servir.

Remarque

Ce must de la cuisine grecque, qui peut se déguster en entrée ou en antipasti, à l'apéritif. Très agréable les jours de fortes chaleurs.

Champignons géants farcis

Préparation : 15 minutes - Cuisson : 30 minutes - Difficulté : ★ Budget : ★

Pour 4 personnes

- 8 champignons géants
- 2 gousses d'ail
- 1 échalote
- ½ boule de mozzarella
- 100 g de feta
- 2 cuil. à soupe de persil plat haché
- Sel et poivre

Préchauffez le four à 210 °C (th. 7).

Détachez les chapeaux des champignons.

Hachez les pieds avec l'ail et l'échalote.

Coupez les fromages en petits morceaux.

Dans un bol, mélangez les fromages avec le persil et les pieds hachés.

Garnissez les chapeaux de l'appareil.

Placez dans un plat allant au four et enfournez pour 30 minutes.

Escargots en salade

Préparation : 10 minutes - Cuisson : 5 minutes - Difficulté : ★ Budget : ★★

Pour 4 personnes

- 300 g d'escargots décoquillés en boîte
- 2 tomates
- 1 batavia
- 2 gousses d'ail hachées
- 2 cuil. à soupe de persil
- 15 cl de vinaigrette allégée
- 1 cuil. à soupe d'huile
- Sel et poivre

Coupez les tomates en rondelles et parez la salade.

Faites revenir rapidement les escargots avec l'huile dans l'ail et le persil.

Salez et poivrez.

Préparez les assiettes : disposez la salade dans les assiettes avec les rondelles de tomates.

Au moment de servir, répartissez les escargots chauds sur la salade et arrosez de vinaigrette.

Escargots à l'ail

Préparation : 10 minutes - Cuisson : 30 minutes - Difficulté : ★ Budget : ★★

Pour 4 personnes

- 300 g d'escargots décoquillés en boîte
- 1 tête d'ail
- 1 bouquet de persil
- 2 cuil. à soupe d'huile d'olive
- Sel et poivre

Égouttez les escargots.

Hachez l'ail et le persil.

Faites chauffer l'huile.

Jetez-y les escargots et faites-les revenir à feu vif.

Ajoutez l'ail et le persil et laissez doucement mijoter jusqu'à ce que l'eau de cuisson s'évapore.

Servez sur une belle salade verte ou accompagné de céréales.

Remarque

Les escargots sont une composante importante de la diète méditerranéenne. Peu caloriques, ils sont surtout bien pourvus en protéines et remplacent avantageusement la viande.

Flan tomate-basilic

Préparation : 10 minutes - Cuisson : 40 minutes - Difficulté : ★ Budget : ★

Pour 4 personnes

- 1 kg de tomates
- 8 feuilles de basilic
- 4 œufs
- 5 biscottes
- 100 g de gruyère râpé allégé
- 1 cuil. à soupe d'huile d'olive
- Sel et poivre

Préchauffez le four à 180 °C (th. 6).

Pelez et épépinez les tomates.

Faites-les fondre doucement dans une poêle avec l'huile d'olive.

Salez et poivrez.

Hachez les feuilles de basilic et ajoutez-les dans la poêle.

Battez les œufs en omelette.

Écrasez les biscottes en chapelure.

Mixez les tomates et mélangez-les avec les œufs.

Ajoutez le gruyère râpé allégé.

Répartissez la préparation dans des moules individuels en silicone.

Enfournez pendant 30 minutes.

Fricassée de légumes nouveaux

Préparation : 20 minutes - Cuisson : 25 minutes - Difficulté : ★ Budget : ★

Pour 4 personnes

- 400 g de navets nouveaux
- 400 g de carottes nouvelles
- 1 botte de radis
- 1 botte d'oignons nouveaux
- 1 bouquet de cerfeuil
- 30 g de tomates confites
- 10 cl d'huile d'olive
- Sel et poivre

Épluchez tous les légumes et nettoyez-les soigneusement.

Hachez les oignons.

Ciselez le cerfeuil.

Faites revenir les oignons sur feu doux avec l'huile.

Ajoutez les légumes nouveaux et remuez.

Salez, poivrez et laissez mijoter pendant 20 minutes.

Ajoutez les tomates confites.

Vérifiez l'assaisonnement.

Mettez dans le plat et parsemez de cerfeuil.

Remarque

Les légumes nouveaux sont naturellement très tendres et savoureux. Il est inutile de les intégrer dans des préparations compliquées, car ils se suffisent à eux-mêmes.

Fricassée de poulet aux courgettes

Préparation : 10 minutes - Cuisson : 15 minutes - Difficulté : ★ Budget : ★

Pour 4 personnes

- 4 escalopes de poulet
- 500 g de courgettes
- 60 g de beurre allégé
- 1 oignon
- 4 gousses d'ail
- Sel et poivre

Émincez l'ail.

Coupez les courgettes en rondelles.

Coupez les escalopes en lamelles de 2 cm d'épaisseur.

Faites fondre le beurre sur feu moyen.

Faites revenir l'ail pendant 1 minute environ.

Ajoutez les courgettes et l'oignon et laisser cuire 3 à 4 minutes.

Incorporez les escalopes de poulet.

Salez et poivrez.

Couvrez et laissez cuire 7 minutes, en remuant de temps en temps.

Fruits de mer en persillade

Préparation : 10 minutes - Cuisson : 30 minutes - Difficulté : ★ Budget : ★★

Pour 4 personnes

- 1 kg de fruits de mer
- 3 gousses d'ail
- 2 verres de vin blanc
- 1 cuil. à café de persil haché
- 1 cuil. à café de curry
- Sel et poivre

Décongelez les fruits de mer dans une casserole pendant 5 minutes.

Égouttez-les.

Faites-les cuire avec le vin blanc 15 à 20 minutes.

Hachez le persil et l'ail.

Ajoutez-les aux fruits de mer quand le vin blanc s'est évaporé.

Saupoudrez de curry et dressez.

Remarque

Lorsque c'est la saison, réalisez cette recette avec des moules fraîches. Faites-les s'ouvrir à sec et décoquillez-les avant de les faire cuire avec du vin blanc.

Légumes grillés à l'origan

Préparation : 20 minutes - Cuisson : 35 minutes - Difficulté : ★ Budget : ★

Pour 4 personnes

- 1 aubergine
- 1 courgette
- 1 gousse d'ail
- ½ poivron rouge
- ½ oignon rouge
- 1 citron
- 1 cuil. à soupe de persil séché
- 1 cuil. à soupe d'origan séchée
- 1 cuil. à soupe de vinaigre balsamique
- 2 cuil. à soupe d'huile d'olive
- Sel et poivre du moulin

Préchauffez le four à 210 °C (th. 7°).

Coupez l'aubergine et la courgette en rondelles.

Épluchez la gousse d'ail.

Épépinez le poivron et coupez-le en julienne.

Émincez l'oignon rouge.

Étalez les rondelles d'aubergine, de courgette, l'oignon et le poivron sur une plaque allant au four, sans qu'ils se chevauchent.

Ajoutez la gousse d'ail.

Enfournez pour 15 minutes.

Préparez la vinaigrette avec l'huile d'olive, le vinaigre balsamique, le persil séché et le jus de citron. Salez et poivrez.

Mettez le tout dans un grand saladier.

Retirez les légumes du four.

Écrasez l'ail dans la vinaigrette.

Remettez les légumes au four pour 20 minutes.

Laissez refroidir et mélangez avec la vinaigrette.

Parsemez d'origan avant de servir.

Légumes grillés aux noix

Préparation : 20 minutes - Cuisson : 20 minutes - Difficulté : ★ Budget : ★

Pour 4 personnes

- 1 aubergine
- 1 courgette
- ½ poivron rouge
- ½ oignon rouge
- 1 gousse d'ail
- 5 brins de persil
- 1 citron
- 1 cuil. à soupe de vinaigre balsamique
- 2 cuil. à soupe de l'huile d'olive
- 100 g de noix concassées
- Sel et poivre

Préchauffez le four à 210 °C (th. 7°).

Émincez finement tous les légumes.

Étalez-les sur une plaque allant au four, recouverte de papier sulfurisé, parsemez d'origan et laissez-les griller pendant 20 minutes, en les retournant à mi-cuisson.

Hachez l'ail et le persil.

Émulsionnez avec l'huile d'olive, le vinaigre balsamique et le jus du citron.

Salez et poivrez.

Retirez les légumes du four et laissez-les refroidir.

Disposez les légumes grillés à plat, dans un plat de service.

Arrosez avec la vinaigrette.

Parsemez de noix concassées et servez.

Remarque

La cuisson au four permet de cuire les légumes avec leur peau et donc de conserver bon nombre de nutriments et de vitamines. Autre avantage : ils cuisent sans aucune graisse.

Pennes à la tomate et aux épinards

Préparation : 5 minutes - Cuisson : 20 minutes - Difficulté : ★ Budget : ★

Pour 4 personnes

- 240 g de pennes
- 300 g de pousses d'épinards
- 1 boîte de tomates pelées
- 50 g de fromage râpé allégé
- 50 g de parmesan
- 1 cuil. à soupe d'huile d'olive
- Sel et poivre

Faites cuire les pâtes dans un grand volume d'eau salée pendant 10 minutes

Faites cuire les tomates et les épinards à feu doux pendant 10 minutes, dans 1 cuil. à soupe d'huile.

Salez et poivrez.

Égouttez les pâtes.

Ajoutez la sauce tomate et les épinards.

Ajoutez les fromages.

Mélangez le tout avec délicatesse et dégustez aussitôt.

Remarque

Essayez la salade cuite ou les pissenlits à la place des épinards...
C'est surprenant et très goûteux !

Pennes aux escargots

Préparation : 20 minutes - Cuisson : 30 minutes - Difficulté : ★ Budget : ★★

Pour 4 personnes

- 250 g de penne
- 2 douzaines d'escargots (en boîte ou surgelés)
- 2 échalotes
- 2 gousses d'ail
- 20 cl de vin blanc
- 150 g de crème fraîche allégée
- Quelques brins de persil frais
- 1 cuil. à soupe d'huile d'olive
- Sel et poivre

Faites cuire les pennes dans un grand volume d'eau salé pendant 10 minutes. Égouttez-les.

Hacher les échalotes, l'ail et le persil. Réservez séparément.

Faites revenir les échalotes dans l'huile d'olive pendant 5 minutes sur feu doux.

Ajoutez le vin blanc et augmentez le feu.

Remuez, puis ajoutez les escargots et l'ail haché.

Laissez mijoter sur feu doux à couvert pendant 15 minutes.

Incorporez la crème fraîche allégée.

Saupoudrez de persil.

Salez et poivrez.

Répartissez les pâtes et la sauce aux escargots dans les assiettes.

Pizza aux légumes

Préparation : 20 minutes - Cuisson : 30 minutes - Difficulté : ★ Budget : ★

Pour 4 personnes

- 1 rouleau de pâte à pizza
- 2 champignons de Paris
- ½ poivron
- 1 petite aubergine
- 1 brin de basilic
- 4 cuil. à soupe de coulis de tomates
- 1 trait d'huile d'olive
- Sel et poivre

Préchauffez le four à 210 °C (th. 7).

Émincez tous les légumes très finement.

Effeuillez le basilic.

Déroulez la pâte à pizza.

Étalez le coulis de tomates.

Salez et poivrez.

Répartissez tous les légumes sur l'ensemble de la surface.

Arrosez d'un trait d'huile d'olive.

Enfournez pour 30 minutes.

Remarque

Contrairement à ce que l'on pense, une pizza peut tout à fait être diététique. Il suffit de la composer en conséquence et d'éviter le fromage.

Pizza à la roquette et à la feta

Préparation : 10 minutes - Cuisson : 30 minutes - Difficulté : ★ Budget : ★

Pour 4 personnes

- 1 rouleau de pâte à pizza
- ½ sachet de roquette
- 150 g de feta
- 4 cuil. à soupe de coulis de tomates
- 1 trait d'huile d'olive
- Sel et poivre

Préchauffez le four à 210 °C (th. 7).

Déroulez la pâte à pizza.

Étalez le coulis de tomates sur l'ensemble de la pâte.

Recouvrez avec la roquette.

Émiettez la feta sur la roquette.

Arrosez d'un trait d'huile d'olive.

Enfournez pour 30 minutes.

Poivrons farcis

Préparation : 15 minutes - Cuisson : 50 minutes - Difficulté : ★ Budget : ★

Pour 4 personnes

- 250 g de viande hachée
- 50 g de riz
- 4 poivrons
- 1 oignon
- 1 œuf
- 1 cuil. à soupe d'huile d'olive
- 1 cuil. à soupe de fines herbes ciselées
- Sel et poivre

Préchauffez le four à 210 °C (th. 7).

Faites cuire le riz pendant 10 minutes dans l'eau bouillante salée. Égouttez.

Coupez les poivrons épépinés en deux.

Épluchez et hachez l'oignon.

Dans un saladier, mélangez la viande hachée, l'oignon, l'œuf, le riz et les fines herbes.

Salez et poivrez.

Farcissez les poivrons avec la préparation.

Arrosez d'huile d'olive.

Enfournez pour 40 minutes.

Remarque

Cette recette, très classique mais bien équilibrée, change un peu des traditionnelles tomates farcies.

Ratatouille parfumée

Préparation : 15 minutes - Cuisson : 45 minutes - Difficulté : ★ Budget : ★

Pour 4 personnes

- 2 oignons
- 2 courgettes
- 1 poivron jaune
- 2 tomates
- 1 cuil. à soupe d'huile d'olive
- 1 cuil. à soupe de vinaigre balsamique
- 1 feuille de laurier
- Thym
- Sel et poivre

Émincez les oignons.

Coupez les courgettes en rondelles.

Coupez le poivron en lamelles dans le sens de la longueur.

Coupez les tomates en dés.

Faites revenir l'oignon et le poivron dans l'huíle chaude.

Laissez colorer sur feu moyen pendant 10 minutes.

Ajoutez les courgettes.

Ajoutez le thym et la feuille de laurier.

Faites cuire le tout à feu doux pendant 20 minutes.

Ajoutez les tomates.

Laissez cuire pendant encore 10 minutes.

Ajoutez le vinaigre balsamique.

Salez et poivrez.

Laisser mijoter pendant 5 minutes.

Remarque

La ratatouille aime être réchauffée. N'ayez pas peur donc d'en faire un peu plus que prévu, pour les jours suivants.

Spaghetti complets aux fruits de mer

Préparation : 10 minutes - Cuisson : 40 minutes - Difficulté : ★ Budget : ★★

Pour 4 personnes

- 240 g de spaghettis complets
- 500 g de fruits de mer surgelés
- 2 oignons
- 20 cl de vin blanc
- Sel et poivre

Décongelez les fruits de mer à sec dans une casserole. Égouttez.

Faites cuire les spaghettis complets dans un grand volume d'eau salée pendant 10 minutes. Égouttez.

Faites revenir les oignons émincés.

Ajoutez les fruits de mer et le vin blanc.

Laissez mijoter jusqu'à évaporation complète du vin blanc.

Ajoutez aux spaghettis complets et servez bien chaud.

Spaghetti complets aux palourdes

Préparation : 10 minutes - Cuisson : 20 minutes - Difficulté : ★ Budget : ★★

Pour 4 personnes

- 240 g de spaghetti complets
- 500 g de palourdes
- 2 gousses d'ail
- 1 bouquet de persil plat
- 1 cuil. à soupe d'huile d'olive
- 4 piments d'Espelette
- Sel et poivre

Lavez et ciselez le persil.

Pelez les gousses d'ail et émincez-les.

Faites cuire les spaghettis complets dans un grand volume d'eau salée pendant 10 minutes. Égouttez.

Faites revenir l'ail, le persil et le piment avec l'huile d'olive dans une sauteuse.

Ajoutez les palourdes.

Faites cuire jusqu'à ce que les palourdes soient ouvertes.

Ajoutez aux spaghettis complets et servez bien chaud.

Remarque

Vous pouvez ajouter 2 cuil. à soupe de crème fraîche dans cette recette. La sauce sera plus onctueuse… mais aussi plus calorique !

Tian à la provençale

Préparation : 10 minutes - Cuisson : 60 minutes - Difficulté : ★ Budget : ★

Pour 4 personnes

- 500 g d'oignons
- 5 tomates
- 2 courgettes
- 1 aubergine
- 6 gousses d'ail
- 100 g d'olives noires dénoyautées
- 1 cuil. à soupe d'huile d'olive
- Thym et basilic séchés
- Sel et poivre

Préchauffez le four à 180 °C (th. 6).

Émincez les oignons et faites-les revenir dans l'huile d'olive 10 minutes. Réservez.

Hachez l'ail.

Lavez les tomates et coupez-les en rondelles.

Coupez les courgettes en rondelles.

Nettoyez les aubergines et coupez-les en rondelles.

Disposez au fond d'un plat, le lit d'oignons, puis disposez, en alternance, les rondelles des légumes.

Aspergez le tout d'huile d'olive.

Parsemez d'olives noires dénoyautées.

Saupoudrez de thym, de basilic et d'ail haché.

Enfournez pendant 1 heure à 180 °C (th. 6).

ÉDITIONS ESI

60, rue Vitruve, 75020 Paris

Imprimé en Espagne par Printer Industria Grafica - Barcelone
© Éditions ESI - Dépôt légal : avril 2010 - Achevé d'imprimer : mars 2010
ISBN : 978-2-35355-429-4 N° SOFÉDIS : S441147